Grand Canyon und Las Vegas

Grand Canyon und Las Vegas

Ein Reiselesebuch

herausgegeben von Freddy Langer

Ellert & Richter Verlag

Inhalt

Freddy Langer

Vorwort

Da standen sie. Vor einer Schlucht, von der es später heißen würde, es sei der schönste Fleck der Erde. Großartig, gewaltig, umwerfend. Aber ihnen war dieser tiefe Riss quer durch die Landschaft einfach nur im Weg, als sie 1540 als erste Weiße vor den Abgründen des Grand Canyons standen. Nichts lag der kleinen Gruppe spanischer Eroberer ferner, als sich dem Genuss der Natur hinzugeben. Sie brauchten Wasser. Aber der Fluss, der in anderthalb Kilometern Tiefe vorbeirauschte, ein Rinnsal bloß, wie man von oben meinen musste, war nicht zu erreichen. Drei Tage lang suchte Hauptmann Don García López de Cárdenas mit seinen Soldaten nach einer Möglichkeit zum Abstieg. Vergebens. Enttäuscht kehrten sie um. Kurz vor dem Verdursten.

Mit dieser Art von Landschaft wussten die Spanier nichts anzufangen. Sie zeigten weder Interesse an der einzigartigen Kulisse noch kümmerten sie sich um Bodenschätze. Was wollten sie auch schon mit Silber im Fels; sie waren auf der Suche nach den sieben legendären Städten von Cibola, deren Straßen angeblich mit Gold gepflastert waren. „Die liegen im Norden“, lauteten die vertrauenswürdigen Antworten der aufgeschlossenen und freundlichen Indianer – einerlei, bei welchem Stamm sich die Spanier nach dem Weg zu den unermesslich reichen Gegenden erkundigten. Dass die Eingeborenen nur allzu rasch begriffen hatten, wie sie die europäischen Eindringlinge schnell wieder loswerden konnten, wurde den Spaniern erst sehr spät bewusst.

Ob aus Enttäuschung oder Desinteresse: Cárdenas, einer der Hauptmänner während der Expedition von Francisco Vásquez de Coronado, erwähnte den Grand Canyon in seinen Reiseaufzeichnungen nicht einmal. Nur aus dem Tagebuch eines Begleiters ist überliefert, dass sie am Klippenrand standen.

Fast zweieinhalb Jahrhunderte vergingen, ehe sich eine neue Expedition der Schlucht gegenübersah. Auch diese Gruppe – diesmal kam sie von Norden – war der Verzweiflung nah. Ohne Erfolg hatten Francisco Atanasio Domínguez und Silvestre Vélez de Escalante nach einem möglichen Handelsweg zwischen Santa Fe und Kalifornien gesucht. Immerhin gelang es ihnen, mit vielen Strapazen, den Colorado zu überqueren. Nicht ohne Humor nannten sie ihr Quartier in der Tiefe des Canyons Salsipuedes – „Verschwinde, wenn du kannst". Für den frommen Escalante jedoch war die Situation ernst. „Zweifellos ist es von Gott bestimmt, dass wir keinen Führer finden", schrieb er in sein Tagebuch. „Vielleicht als milde Strafe für unsere Sünden."

Eine solche Einstellung gegenüber der ungebändigten Natur war zu jener Zeit keine Ausnahme. So darf man sicher sein, dass die Conquistadores an ihrer Entdeckung selbst dann nur wenig Freude gehabt hätten, wenn sie weniger anstrengend gewesen wäre. „Erschaudern" und „grandios" hatten in jenen Tagen, als man gepflegte Gärten mit strenger Ordnung für perfekte Landschaft hielt, noch nichts miteinander gemein. Ehrfurcht verband man mit Angst, nicht Erhabenheit. Zerklüftete Felsen galten als scheußlich und abstoßend.

Selbst für die Amerikaner dauerte es einige Generationen lang, ehe eine Touristin gegen Ende des neunzehnten Jahrhunderts ihren Ausflug zum Grand Canyon in nur zwei Sätzen euphorisch zusammenfassen konnte: „Besuchen Sie den Grand Canyon. Besuchen Sie ihn, selbst wenn Sie laufen müssen." Poetischer klang es bei John L. Stoddard. „Am Rande dieser ungeheuren Schlucht zu stehen, während ihr der Gott des Tages seine ersten Grüße entrichtet, heißt einen Moment lang für viele Jahre gewöhnlichen und ereignislosen Alltags entschädigt zu werden“, notierte er 1898.

Damals musste man Naturfreund sein, um die vierzehnstündige Reise per Kutsche oder Pferd von Flagstaff zum Grand Canyon auf sich zu nehmen. Aber die Welle der Romantik war längst nach Amerika hinüber geschwappt, und so manchem war es jede Mühe wert, vor der unergründlichen Schlucht ein Gefühl des Schauderns zu erleben. In ihren Reisebeschreibungen überboten sich die Schriftsteller wechselseitig mit Superlativen.

Und doch überforderte der schwindelerregende Anblick der jähen Abgründe und Steilhänge, Amphitheater, abgeflachten Kegel und spitzen Säulen manchen Besucher, wenn sie in der untergehenden Abendsonne in allen nur erdenklichen Violett-, Rot-, Rosa- und Orangetönen strahlten. „Hier ist es sehr warm“, trug Gertrude B. Stevens 1892 trocken ins Gästebuch ein und gestand: „Ich fiel in Ohnmacht, als ich diesen fürchterlichen Canyon sah. Noch nie in meinem Leben brauchte ich so dringend etwas zu trinken. Goodbye.“ Ein Pfarrer fasste seine Empfindungen in fünf Worten zusammen: „Horror! Tragödie! Stille! Tod! Chaos!“ Ein anderer bezeichnete den Canyon als „das Grab der Erde“.

Bemühungen, den Grand Canyon zu erforschen, gab es, für amerikanische Verhältnisse, schon früh. Fellhändler und Trapper waren in der Coloradogegend unterwegs. Antoine Roubidoux etablierte 1830 eine kleine Handelsniederlassung im Gebiet des Grand Canyons, und der Fallensteller Denis Julien ritzte seinen Namen in mindestens drei verschiedenen Schluchten des Colorado in den Fels; davon einmal mit der Jahresangabe 1831. Etwa zwanzig Jahre später schlug Lieutenant Randolph Marcy der Regierung vor, den Fluss endlich wissenschaftlich zu erkunden. Eine Reise stromaufwärts, so argumentierte er, sei ungefährlich. Weder könne man von plötzlichen Stromschnellen noch von unerwarteten Wasserfällen überrascht werden. Aus dubiosen Quellen wollte Marcy zudem von ungeheuren Goldvorkommen im Canyon wissen, mit denen sämtliche Staatsschulden auf einmal bezahlt werden könnten. Die Ironie des Schicksals jedoch wollte es, dass seine Erkundungsfahrt aus Kostengründen abgelehnt werden musste. John Wise, der den Canyon in einem Ballon durchfliegen wollte, erhielt ebenso wenig Unterstützung. Erst als sich die anfänglichen Reibereien und kleinen Scharmützel zwischen Mormonen und Indianern zu einem regelrechten Krieg ausweiteten, fand das Grenzgebiet von Arizona und Utah im „Weißen Haus" etwas mehr Beachtung. Vom Kriegsministerium wurden im Jahr 1857 nun Mittel bereitgestellt, um den Colorado als möglichen Transportweg zu erforschen. Das Ergebnis der monatelangen Untersuchung hätte enttäuschender kaum sein können. Der kleine Schaufelraddampfer „Explorer" stieß gleich am Eingang des Grand Canyons an einen Felsen und schlug leck. Der Schaden konnte zwar behoben werden, aber der Kommandant Joseph Ives hatte mittlerweile neue Pläne. Die Expedition sollte auf dem Landweg fortgesetzt werden. Vierundvierzig Männer machten sich mit hundertfünfzig Maultieren auf den beschwerlichen Weg in die Schlucht, die Ives in seinen Aufzeichnungen noch den „Big Cañon" nennt.

Staunen und Angst mischen sich in seinen romantisierenden Beschreibungen mit wissenschaftlich exakten Angaben. Von Kluften ist da die Rede, die mit ihrem unirdischen Aussehen wie die Tore zur Hölle wirken; und dennoch hielt die Mannschaft immer wieder inne, „erfüllt von staunendem Entzücken", um „diese wunderbaren Formationen" zu betrachten, durch die sich der Colorado und seine Nebenflüsse schlängeln. Von der gleichen Haltung sind die Zeichnungen des Barons von Egloffstein geprägt, dem künstlerischen Begleiter der Forschungsreise. Spitz, zerklüftet und bizarr strecken sich bei ihm die Felsen wie Stalagmiten zum Himmel empor. Mit dem Grand Canyon haben diese Skizzen nur wenig zu tun. Umso mehr erzählen sie uns von dem Eindruck, den er auf die frühen Besucher gemacht hat. Den Bildern, in denen die Männer, winzig und kaum zu erkennen, vor unermesslich hohen Felswänden stehen, entspricht auch Ives' Beschreibung vom Aufstieg zurück an den Canyonrand: „Ich ritt voraus, die anderen Männer meiner Gruppe und die Lasttiere folgten einer nach dem anderen – es sah aus, als kröche eine Kette von Insekten an einem Gebäude empor."

Doch bei aller Faszination überwog ein pessimistischer Eindruck: Der Fluss sei unschiffbar und die Region zu nichts zu gebrauchen. Ist man erst einmal im Canyon, bleibt nichts zu tun als umzukehren, betont Ives in seinem Bericht und fährt fort: „Wir waren die erste Gruppe von Weißen – und werden zweifellos auch die letzte gewesen sein – , die diese allen Nutzens bare Gegend besuchte. Es scheint in der Absicht der Natur zu liegen, dass der Colorado River zusammen mit dem größten Teil dieser einsamen und majestätischen Landschaft auf ewig unbesucht und ungestört bleibt."

Wie wenig sich seine Prophezeiung erfüllen sollte, musste spätestens 1901 für jeden deutlich werden. Die Santa Fe Railroad Company hatte ihr Schienennetz um einen Streckenabschnitt von Williams zum Südrand des Canyons erweitert. Aus der Vierzehn-Stunden-Strapaze zu Pferde wurde ein gemütlicher Drei-Stunden-Ausflug. Mit den Umständen änderten sich auch die Touristen. Nun war der Grand Canyon für jeden bequem zu erreichen. Bald kamen die Massen, um die „ehrfurchtsgebietende und majestätische Ausdehnung von Zeit, Raum, Farbe, Licht, Schatten und Stille" zu sehen, wie ein Reiseführer den Grand Canyon bezeichnete. Es wurde Zeit, die Gegend zu schützen.

Schon 1882 gab es Pläne, einen Nationalpark einzurichten. Doch trotz der eifrigen Bemühungen von Präsident Theodore Roosevelt, der den Grand Canyon „eine der großen Erscheinungen" nannte, „die jeder Amerikaner sehen sollte", wurde das Gebiet um den Grand Canyon 1908 zunächst nur zum National Monument, bevor es 1919 endlich die höchsten Weihen erhielt. Mehrmals vergrößert, deckt das geschützte Gebiet heute eine Fläche von fast fünftausend Quadratkilometern ab, in dem sich der Colorado seinen dreihundertfünfzig Kilometer langen Weg durchs Gestein bahnt.

Mehr als vier Millionen Besucher zählt die Parkverwaltung mittlerweile Jahr für Jahr. Die Stille, von der die früheren Reisenden berichteten, verspürt man deshalb an den Aussichtspunkten nur noch selten. Man ist eben nicht mehr allein in der Wildnis, sondern in einem perfekt organisierten Park. Wer auf einem Maultier in die Schlucht hinabsteigen will, muss den Ritt viele Monate im voraus buchen und ist die meiste Zeit des Jahres gezwungen, sich einer Schar Touristen anzuschließen – dennoch gehen im Park pro Saison mehr als zwanzigtausend Reservierungswünsche ein. Fahrten durch den Canyon sind seit Langem beschränkt worden, auf eine Genehmigung muss man mehrere Jahre warten. Die Zeit der Individualisten wie Haldane „Buzz" Holmstrom, der 1937 den Grand Canyon als erster im Alleingang passierte, William Beer und John Daggett, die im April 1955 den Canyon durchschwammen und der Gruppe von Männern, die im Juli 1960 die erste erfolgreiche Stromaufwärtsfahrt zu Ende führten, ist ein für allemal vorbei. Aber selbst dem Fluss wurde 1963 durch den Bau des Glen-Canyon-Staudamms seine Freiheit genommen.

Dennoch bleibt genügend Raum für Abenteurer: Selbst im Grand Canyon Nationalpark gibt es viele kaum besuchte Pfade. Und in den weniger prominenten Schluchten des Vier-Staaten-Ecks von Utah,

Colorado, Neu Mexiko und Arizona ist man fast immer allein. Gespenstisch leer ist es etwa im Canyonland Nationalpark. Obwohl das Schutzgebiet fast so groß ist wie Österreich, gibt es dort nicht mehr als zwanzig Kilometer asphaltierter Straße. Wer hier mit dem Jeep durch die Einöde fährt oder gar mit dem Rucksack auf dem Rücken wandert, fühlt sich in eine andere Welt, auch andere Zeit, versetzt. Mit einem Mal verspürt man eine Sucht nach neuen Schluchten und Felskesseln, wird vorangetrieben auf der Suche nach noch mehr der bizarr geformten Türme und noch mehr dieser so unwirklich gefärbten Steine. Selbst ohne jede Pflanze sind diese Felswüsten an Farbenreichtum kaum zu übertreffen. Eisen, das im Fels oxidiert oder verrostet, färbt die Klippen schwarz, braun, rot, rosa und gelb, und wenn es sich optisch mit Mangan oder Kupfer verbindet, wird die Palette um Lila- und Grüntöne erweitert. Muster und Formen des Zufalls ergeben sich so, die allein schon überwältigend sind. Die enorme Größe der Felswände erhöht sie zu Abstraktionen, die man nicht mehr sieht, sondern erlebt. „Painted Desert – Bemalte Wüste" heißt denn auch einer der schönsten Punkte im „Petrified Forest" von Arizona. Wer sich die Zeit nimmt, einen solchen Punkt für einen ganzen Tag zu beobachten, wird überrascht sein, wie die einzelnen Farben zudem zwischen Sonnenauf- und -untergang von Gold über Rot zum tiefsten Purpur wechseln können.

Hier kann man sich mühelos in Bildern, Felsen und Gedanken verlieren, beginnt die Steinformationen zunächst noch mit Burgen und gotischen Kathedralen zu vergleichen, schon wenig später aber mit Fabeltieren und legendären Gestalten. „Nicht einmal jene, die gegen jede Art von Hexerei immun sind, können sich der Kraft ihrer Magie entziehen", schreibt der wohl renommierteste Schriftsteller des amerikanischen Südwestens, Edward Abbey, über die Landschaft der Felsterrassen und Tafelberge. Diese Canyons, heißt es, seien bis zum Rand mit Stille gefüllt. Oft wird man das Gefühl nicht los, der erste Mensch zu sein, der diese Gegend je betreten hat. Dazu jedoch ist man viertausend Jahre zu spät gekommen.

Bei genauem Hinsehen finden sich Spuren früher Kulturen fast überall im Canyongebiet, vor allem Hinterlassenschaften der „Anasazi", wie die Navajo ihre Vorväter nennen: die aus der alten Zeit. Ihre Blütezeit wird mit 600 bis 1200 nach Christus angegeben, aber als wäre die Landschaft nicht schon geheimnisvoll genug, ist auch über die Kultur der Anasazi nur wenig bekannt. Selbst als die Spanier diesen Teil des Kontinents eroberten, waren ihre Festungen längst Ruinen.

Pfeilspitzen und Tonscherben der Anasazi kann man noch immer im Wüstensand entdecken; Petroglyphen, geheimnisvolle Schriftzeichen und Bilder findet man in die Felsen geritzt. Ihre Bedeutungen und Botschaften sind noch immer unentschlüsselt. Die beeindruckendsten Relikte der Anasazi sind deren Pueblos. Meisterhaft in die Nischen und Höhlen der Felswände gebaut, bilden sie eine solche Einheit mit der Umgebung, dass man sie für einen Teil der Natur halten könnte. Im Grand Canyon allein sind fünfhundert Reste solcher Lager und Festungen entdeckt worden. Ein Indianerstamm lebt sogar noch heute im Havasu Canyon, einer Seitenschlucht des Colorados. Seit siebenhundert Jahren ist dieser Canyon von den Havasupai bewohnt, den „Menschen des blau-grünen Wassers". Nach der Färbung des kleinen Flusses, der inmitten der roten Felswüste eine kleine Oase hat entstehen lassen, nennen sich diese Indianer. Grüner Wald und idyllische Wasserfälle lassen die zerklüftete Wildnis für einen Moment vergessen.

Beeindruckender sind die Pueblos von Mesa Verde. Erst vor hundert Jahren entdeckt, sind diese ausgezeichnet erhaltenen Gebäude in halber Höhe zwischen Canyonrand und -boden in der Steilwand versteckt. Gleichzeitig boten sie so Schutz vor Sturzfluten, wenn sich das Regenwasser zu reißenden Strömen sammelte, sowie vor etwaigen Angreifern. Zudem konnte am Boden der Schlucht mehr von dem raren Land für Mais- und Bohnenfelder genutzt werden. Und abgesehen davon, dass es dort oben länger hell ist als tief unten, ist es in luftiger Höhe im Sommer kühler und im Winter wärmer als am Boden.

Im Idealfall lebten die Indianer mehr mit als in der Natur. Und viele Orte im Canyongebiet sind für sie noch heute heilige Plätze. Spider Rock, eine Felsnadel im Canyon de Chelly, die so hoch ist wie ein achtzigstöckiges Haus, war beispielsweise der Sitz der Spinnenfrau, die ungezogene Kinder verspeiste, aber die Navajofrauen auch das Weben lehrte. Sipapu im Grand Canyon ist ein weiterer solcher Ort. Auf einem Fels hat sich dort ein Tümpel gelben Wassers gebildet, in dem Gase blubbern. Für die Hopi Indianer ist Sipapu einer der möglichen Punkte, an denen die Menschen das Innere der Erde verlassen haben, als sie begannen, die Welt zu bevölkern.

Eine besonders wichtige Rolle in den Legenden der Indianer spielt die Entstehung des Grand Canyons. Für die Navajo, die Hualapai und die Havasupai ist der Colorado der Ausläufer einer großen Flut, die einst die ganze Erde bedeckte. Um die Wassermengen zu bekämpfen, so heißt es, habe Packithaawi mit Keulen und Messern auf den mit Wasser bedeckten Boden eingeschlagen, „und bald entstand an dieser Stelle der große Canyon“.

Mit der wissenschaftlichen Erklärung lässt sich die Legende leider nicht in Einklang bringen. Denn der Grand Canyon ist kein Riss in der Landschaft, wie er etwa durch ein Erdbeben hätte entstehen können, und auch kein eingestürzter Tunnel: Er ist das Ergebnis von Erosion. Vor nur zehn Millionen Jahren ist das gesamte Colorado-Plateau um mehrere tausend Meter aufgestiegen und verwandelte unbedeutende, kleine

Flüsschen in reißende Ströme, die sich Jahr um Jahr tiefer in das Gestein hineinfraßen. Noch bis zum Bau des Staudamms hatte der Colorado sein Bett in jeweils tausend Jahren um fünfzehn Zentimeter vertieft; heute wird seine Wassermenge so reguliert, dass er nicht einmal mehr seine Mündung erreicht. So nimmt der Fluss kaum noch Schlamm, Sand und Steine mit sich, die ihm einst die rote Tönung verpassten, der er wiederum seinen Namen Colorado verdankt. „Zu dick, um es zu trinken und zu dünn, um es zu pflügen", wurde das Wasser einst beschrieben, und John Hance, der erste Touristenführer des Canyons, pflegte zu behaupten, dass man sich einen Schluck Wasser mit dem Messer aus dem Colorado herausschneiden müsse.

Der Colorado ist nicht der einzige Fluss, der half, das Canyongebiet zu schaffen, und neben Regen und Wind waren auch andere Faktoren beteiligt. Immer wieder hatte der amerikanische Südwesten unter Wasser gelegen, oft war er der Grund von Meeren und Seen. In zweitausend Meter Höhe findet man heute versteinerte Meerestiere im Fels. Aber es bedarf gar nicht dieses Beweises, um sich am Bryce Canyon in eine trockengelegte Unterwasserwelt versetzt zu fühlen. Die Schwerkraft scheint hier aufgehoben zu sein, wenn riesige Felsbrocken auf zarten Türmchen balancieren. Manche dieser vielfältigen Formationen wirken wie Minarette oder die Zinnen einer Burg, während die Skyline einer Märchenstadt den Horizont säumt. England ist in diesem Wundergarten gleich mehrmals vertreten. Eine Felskombination heißt „Tower Bridge", eine von Wind und Wetter geschaffene Skulptur „Queen Victoria". Die Ähnlichkeiten sind erschreckend.

Die dort lebenden Paiute nannten das Gebiet „roter Fels, der aufrecht steht, wie Menschen in einer Schale" – besser kann der Park kaum charakterisiert werden. Sprachlos steht man vor diesen Steingärten. Rot und weiß leuchtet der Stein und hebt sich mit einer anderswo so nie erlebten Intensität vom strahlenden Blau des Himmels ab. „Die wildeste und herrlichste Szenerie, die je eines Menschen Auge erblickt hat“, schrieb ein Forscher des neunzehnten Jahrhunderts beim Anblick der verspielten Türmchen, die eher an Zuckerbäckerarchitektur denken lassen als an schroffes Gebirge. Aber auch hier die alte Geschichte: Der erste weiße Bewohner des Gebiets war nur am Schimpfen. „Ein verfluchter Ort, um eine Kuh zu verlieren“, ist die bekannteste Äußerung des Viehzüchters Ebenezer Bryce, nach dem der Park benannt ist. Gras gab es dort zu wenig und Canyons, Felsen und Grotten zu viele. Kühe verdursteten oft nur wenige Meter entfernt von einem Fluss oder See, weil sie eine der Felsreihen nicht überklettern konnten.

Die immer wieder gestellte und über Generationen hinweg stets anders beantwortete Frage, ob die Landschaften des amerikanischen Südwestens nun schrecklich seien oder schön, ist auch der Leitgedanke dieses Reiselesebuchs. Er lässt sich zurückverfolgen bis zu den Tagebuchnotizen der beiden spanischen Missionare Francisco Atanasio Domínguez und Silvestre Vélez de Escalante, die 1776 von Santa Fe aus aufbrachen, um einen Handelsweg nach Kalifornien zu suchen. Zunächst marschierten sie nach Norden, bevor sie auf der Höhe der heutigen Ortschaft Jensen nach Westen abbogen und wenig später zurück nach Süden gingen. Die Expedition hatte ihr Ziel nicht erreicht, und es hätte nicht viel gefehlt, dass sie im Gebiet des Grand Canyons endgültig gescheitert wäre. Die Notizen der beiden sind die frühesten ausführlichen Darstellungen der Schlucht. Dass sie Missionare waren, lassen sie den Leser zu keiner Zeit vergessen – ob sie nun die Indianer zum Christentum bekehren wollen oder aus der Landschaft Botschaften Gottes herauslesen. Tatsächlich mussten sie ihre Reise als Prüfung verstehen. Nur hin und wieder begegneten sie Menschen, meist irrten sie allein in den Schluchten umher, nicht zuletzt auf der Suche nach einer Furt. Als „Crossing of the Fathers“ ist die Stelle bei Lee's Ferry, an der sie den Fluss endlich überqueren konnten, bis heute auf vielen Karten markiert. Andere Namen, die sie unterwegs Bergen, Tälern oder auch Flüssen gaben, sind heute vergessen. Den Paria River etwa hatten sie Santa Teresa getauft. Und der Colorado hieß bei ihnen noch El Río Grande de los Cosninas.

Das war bei John Wesley Powell schon anders. Große Teile der Gegend waren erkundet, die Seitenflüsse des Colorados zum großen Teil bekannt. Nur durch den Grand Canyon war vor Powell vermutlich noch niemand mit dem Boot gefahren. Mit seiner Mannschaft brach er am 24. Mai des Jahres 1869 von Green River in Wyoming aus auf. Fast drei Monate waren sie unterwegs, und mehr als tausendfünfhundert Kilometer hatten sie zurückgelegt, bevor sie die Mündung des Virgin River erreichten, das Ende ihrer Flussreise. Powell war Soldat und Forscher, Kartograf und Autor – als Abenteurer fühlte er sich nicht unwohl, wie seinen Texten zu entnehmen ist; aber zuerst war er Wissenschaftler. Den Landstrich untersuchte er so sorgfältig, dass ihm vorgeworfen wurde, vor lauter Interesse an den Steinen die Landschaft zu übersehen. Um weitere Daten zusammenzutragen, wiederholte Powell 1871 die Reise. Diesmal war er achtzehn Monate unterwegs. Auf eine dritte Unternehmung, 1873, nahm er den schon damals prominenten Maler Thomas Moran mit – im Glauben, nur in einem grandiosen Bild könne der Zauber der Landschaft gebannt werden.

Dieser Zauber verfolgt fortan fast alle, die über die Schluchten, Berge und Wüsten der Four-Corners-Region berichten, der Ecke Amerikas, in der Arizona, Utah, Colorado und Neu Mexiko aneinanderstoßen. Das fand Niederschlag in Reiseerzählungen und Romanen, darunter „Der Tod holt den Erzbischof" (1927) von Willa Cather, in dem sie den Bau der Kathedrale von Santa Fe zum Anlass nimmt, die Region und ihre Kultur zwischen Indianern, spanischen Viehzüchtern und Hasardeuren zu beleuchten. Wir begegnen diesem Zauber aber auch im Kino wieder, und er wird von der Werbung ausgeschlachtet, der die roten Felsen zwischen Grand Canyon und Monument Valley zur Kulisse ebenso für Zigaretten- wie für Rasierwasserreklame machte: Landschaft als Metapher für Freiheit.

Der letzte, der diese Freiheit noch ungebrochen erfahren hat, könnte Everett Ruess gewesen sein, der Poet der Canyons. Im Alter von nur sechzehn Jahren war er aufgebrochen, in der Wüste des Südwestens nach der Wahrheit des Lebens zu suchen. Das geschah nicht ohne spätpubertäres Pathos, aber die Briefe, die er Anfang der dreißiger Jahre von unterwegs an seine Familie schickte, gehören zum Lyrischsten, das in dieser staubigen Welt verfasst worden ist.

Von anderer, härterer Poesie sind die Texte Edward Abbeys. Er kam 1944 zum ersten Mal in den Westen, verliebte sich in das Land – und blieb. Nach einem Studium der Philosophie in Albuquerque arbeitete er viele Sommer über als Park Ranger und beobachtete einen Ausverkauf der Natur. Sein Roman „The Monkey Wrench Gang“ (1975; Die Schraubenschlüsselbande) wurde von vielen als Aufruf zum Öko-Terrorismus verstanden. Ihm brachte das Buch Kultstatus ein und den Beinamen „Wüstenanarchist“. Auch in Aufsätzen und Reportagen setzte sich Abbey mit der Zerstörung der Landschaft durch Industrie und Militär auseinander. Dabei konnte er hinter den bisweilen zynischen Kommentaren seinen romantischen Kern nie verbergen. Wohl fühlte er sich immer dort, wo der nächste Mensch fern war und die nächste und übernächste Schlucht noch größere Wunder versprachen.

Everett Ruess las während seiner Streifzüge durchs vermeintliche Nichts am Lagerfeuer Willa Cather, Edward Abbey las Everett Ruess. Wer heute irgendwo in der Mesa abends vor seinem Zelt sitzt und zuschaut, wie die gigantischen Felswände in der Dämmerung der hereinbrechenden Nacht zu glühen beginnen, als bäumten sie sich auf gegen die Nacht und strahlten das Licht zurück, das sie den Tag über aufgesogen haben, wird Edward Abbey im Rucksack haben. „Desert Solitaire“ und „The Journey Home“ sind die modernen Klassiker der Wüste und der Schluchten.

Ein letztes Licht am nächtlichen Himmel: orange und rot, ein riesiger Streifen, leicht gebogen wie eine Kuppel – es ist der Widerschein der Neonröhren von Las Vegas. Auch weit mehr als hundert Kilometer von der Stadt entfernt ist er noch zu sehen. „Kommt her“, ruft er durch die Finsternis. Und alle folgen. Oder immerhin so viele, dass Las Vegas mit seinen knapp vierzig Millionen Besuchern seit einigen Jahren die am meisten besuchte Stadt der Welt ist. Vor Mekka.

Auf ihre Art ist es wohl auch eine Form von Religion, die sich in dieser Stadt entfaltet. Ein skeptischer Glaube ans Glück im Spiel. Und ein unbedingter Glaube an den Hedonismus. Es ist sicher kein Zufall, dass Las Vegas inmitten der Wüste erfolgreich wurde, inmitten eines solchen Nichts, dass die amerikanische Essayistin und Romanautorin Joan Didion bei Gelegenheit von der „geografischen Nonplausibilität“ sprach. Aber gehört nicht genau dies immer schon zur Utopie? Alle idealen Städte der Literatur und Philosophie waren fernab anderer Orte und Gesellschaften errichtet. Isoliert. Abgekapselt von der Wirklichkeit. Meist nur durch Zufall entdeckt. So dürfen dort andere Regeln gelten, andere Lebensformen erprobt werden. Las Vegas gibt sich damit alle erdenkliche Mühe, auch wenn sich dahinter weniger hehre Absichten verbergen als in den Fantasiegespinsten der Dichter und Denker.

Las Vegas ist die Nachtseite der großen amerikanischen Wüste. Man muss sie nicht lieben, um ihren Reizen zu verfallen. Aber es hat natürlich seinen guten Grund, dass kaum ein Besucher länger als drei Tage bleibt. Dann fahren sie wieder nach Hause – oder auf direktem Weg in die spektakulärste Landschaft Amerikas. Sie beginnt unmittelbar am Ortsende. Und wird mit jedem Kilometer, den man fährt, grandioser.

Freddy Langer

Der Zaubertrick

Der Zauberer hieß Sam. Oder Sammy. So ähnlich wenigstens. Und wie ein Zauberer sah er gar nicht aus; eher wie James Bond. Smoking, Fliege, weißes Hemd. In seinen schlanken Händen hätte ein Martini-Glas oder eine Beretta vermutlich nicht weniger elegant gewirkt als der Stapel Spielkarten, den er unentwegt von einer Hand in die andere fallen ließ. Aber natürlich waren das feine Tuch, der kühle Blick und die Anmut der Bewegung einzig dazu da, abzulenken. Soviel weiß selbst der Laie: Einem Zauberer schaut man nicht in die Augen und nicht auf die Hand. Man konzentriert sich auf das, was er hält, hebt, schiebt oder mischt, wie in diesem Fall die Karten, die zunächst auf beiden Seiten weiß waren, plötzlich allesamt Herz-Damen zeigten und sich am Ende als gewöhnliches Kartenspiel erwiesen, wie es in Las Vegas in allen Casinos verwendet wird. Aber was ist schon gewöhnlich in Las Vegas?

Der Zauberer jedenfalls war es nicht. Hier, wo man an Copperfield oder Siegfried und Roy gemessen wird, ist selbst ein kleiner Magier wie Sam oder Sammy allem überlegen, was man bei uns auf Theaterbühnen oder im Dorfgemeinschaftshaus an Hokuspokus je zu sehen bekommt – obwohl er doch nur ein kleiner Verkäufer war in einem der kleinen Läden, von denen es in den endlosen Galerien der großen Casinos so viele gibt. Es sind Läden, die zu überteuerten Preisen anbieten, was kein Mensch braucht, man in Las

Vegas aber zu kaufen bereit ist, weil man entweder gerade viel Geld im Casino gewonnen oder aber nichts verloren hat und glücklich ist darüber, dass diese Stadt von der Übernachtung über die Mahlzeiten bis zu den Getränken quasi alles verschenkt. Und so führt irgendwann irgendein kleiner Spaziergang auch in den Laden mit Zauber-Utensilien und artverwandtem Material. Und während man noch überlegt, ob ein vierstelliger Betrag für ein von Houdini signiertes Lehrbuch der Magie gerechtfertigt ist, zieht Sam so viele bunte Tücher aus der schmalen Tasche neben seinem Revers, dass sie mühelos einen Wäschekorb füllen könnten, oder beginnt Spielkarten aus dem Ärmel zu schütteln.

„Haben Sie eine Kreditkarte?", fragt er dann. Ganz nebenbei. Aber schon bildet sich eine kleine Menschentraube um den Ladentisch. Und während man hilfsbereit sein Plastikgeld aus der Brieftasche kramen will, sirrt die Karte Sam schon auf gespenstische Weise entgegen. Einfach so. Als hätte sie Flügel. „Kann ich das noch einmal sehen?" Da fliegt sie zurück Richtung Brieftasche und wieder hin zu Sam, und wieder zurück, und so geht das eine Zeit lang, bis jeder überzeugt ist: Dieser Mensch kann wirklich zaubern. Wie zum Beweis lässt er die Karte nun hüpfen und springen, sich drehen und wenden, sogar um seinen Kopf kreiseln, so schnell, dass er ihn einmal kaum rechtzeitig einziehen kann. Doch, schwups, liegt die Kreditkarte wieder in der Hand des Besitzers. „Neunundzwanzig Dollar achtzig", sagt Sam und weist darauf hin, dass der Trick auch mit Geldscheinen funktioniere, aber schon verläuft sich die Schar der Zuschauer, als müsse sie eilig zurück an die Spieltische.

Neunundzwanzig Dollar achtzig für das Geheimnis eines Zaubertricks? Billig war das höchstens im Vergleich mit dem signierten Houdini-Buch. Aber dann konnte ich doch die ganze Nacht an kaum anderes denken als an all jene Dinge, die ich auf Reisen nicht gekauft habe und bei denen ich mich bis heute frage, wie ich ohne sie so gut habe weiterleben können. Am nächsten Morgen war ich der erste Kunde im Laden für Zauberutensilien und artverwandtes Material.

Sam war nicht da. Aber zwei Kollegen, die ebenfalls aussahen wie James Bond, genügte meine grobe Beschreibung des großartigen Phänomens. „Es ist der Trick mit der Ufo Whirling Card“, sagten sie trocken und nickten so auffällig mit dem Kopf, als wollten sie von irgendetwas ablenken. Ja, ja, den könne ich haben. Dann schickten sie mich mit einem Tütchen zur Kasse, das kaum ein Gramm mehr wog als die Broschüre, die durchs Zellophan zu sehen war.

Noch wunderte ich mich nur. Geradezu entsetzt aber muss ich dreingeschaut haben, als mich keine Minute später einer der beiden Verkäufer durch eine Geheimtür in einen winzigen Raum vom Charme einer Besenkammer führte, um vor mir auszubreiten, wofür ich eben mehr als fünfundzwanzig Euro bezahlt hatte. Es war nichts, fast nichts wenigstens, und zu sehen war es nur, wenn man ganz genau hinsah. Aber so muss das wohl sein. Und als der Verkäufer einen Moment später eine Spielkarte durch die Luft schweben ließ, war die Magie wieder da.

Der Schwerkraft zum Trotz bewegte sie sich in Wellen durch den Raum, kam auf mich zugeflogen, umschwirrte den Verkäufer und landete schließlich in seiner Hand. So schnell dies alles, dass ganz offensichtlich die Enttäuschung noch nicht aus meinem Blick gewichen war. „It’s all in the head“, sagte er. Mehr zum Trost denn als Erklärung – es finde alles nur im Kopfe statt. „Nicht das Material macht den Trick, Sie machen ihn. Üben Sie. Üben Sie ein paar Tage, vielleicht eine Woche. Sie werden sich wundern.“ Und dann wollte er, dass ich auf seine Schuhe schaute. „Später werden Sie sagen“, flüsterte er mir zu, „ich sei zehn, vielleicht zwanzig Zentimeter hoch geflogen. Aber so ist es nicht. Das wissen Sie selbst.“ Und während ich ungläubig auf seine Füße starrte, hob er vom Boden ab. Schwebte der Zimmerdecke entgegen. Zehn Zentimeter? Zwanzig? Ein halber Meter muss es gewesen sein. Mindestens. „It's all in the head", sagte er noch einmal.

Ich nahm mein Plastikbeutelchen vom Tisch, verabschiedete mich einigermaßen verstört und ging. Bis heute liegt die Tüte ungeöffnet auf meinem Schreibtisch. Ich will nichts durch die Luft schweben lassen. Ich will auch selbst nicht fliegen. Nur zurück in den Laden würde ich gern noch einmal gehen.

Freddy Langer
Las Vegas hat sich verändert

Beim Anflug auf Las Vegas ist nichts zu sehen außer einer staubtrockenen Landschaft, die sich ausbreitet bis in die Unendlichkeit. Wüst und leer, als sei sie unverändert seit jenen Tagen, da der Herrgott das Land vom Wasser getrennt hat. Tief hängen die Wolken an diesem frühen Abend. Grau. Und schwer. Da tut sich ein Riss im Himmel auf, und die Sonne schüttet gleißend ihre Strahlen genau auf die Wolkenkratzer-Silhouette des Las Vegas Boulevard. Von der Pyramide des Hotels „Luxor" über die Tempel auf dem Dach von „Caesars Palace" bis zum Stratosphere Tower glühen alle Fassaden in der untergehenden Sonne, als ergieße sich ein Wasserfall aus Licht über die Häuser. Toll, schießt es mir durch den Kopf, welch grandiosen Effekt sich Las Vegas für den einfliegenden Gast diesmal hat einfallen lassen, schon wieder eine neue Attraktion. Da landet die Maschine.

Die Wolkendecke schließt sich. Die Hotels knipsen ihre Beleuchtungen an. Die Nacht beginnt, und Las Vegas erwacht. Der Bus braucht nur wenige Minuten. Dann bin ich auf dem Las Vegas Boulevard, dem Strip. Mittendrin im Vergnügen.

Las Vegas hat sich verändert. Das ist das erste, was man feststellt, kaum dass man angekommen ist. Man stellt es jedes Mal wieder fest. Deshalb kann man über Las Vegas gar nicht anders schreiben als im Plusquamperfekt. Es war einmal gewesen – so müssen hier Erzählungen beginnen, selbst wenn sie von einem Besuch in den vorigen Ferien erzählen. Alles steht hier auf dem Prüfstand. Was keine Rendite abwirft, wird abgeschafft.

Manchmal geht es um Konzepte, häufiger um das Erscheinungsbild, wenn sich Las Vegas wieder einmal neu erschaffen hat. Dann rückte man mit dem Strip eben noch ein paar Blocks tiefer in die Wüste hinein, näher auf die Berge zu. Oder man hat für neue Gebäude Platz gemacht, indem man sogar die größten Hotel-Casinos einer älteren Generation kurzerhand in die Luft sprengte. Maßlosigkeit ist hier das oberste Gesetz. Wer den Mittelweg wählt, hat schon verloren. Las Vegas und Größenwahn: Das sind Synonyme.

Die Geschichte von Las Vegas beginnt am 15. Mai 1905, dort, wo heute die Handvoll Casinos der Fremont Street vor sich hin dämmern. Dreitausend Menschen hatten sich damals an diesem Ort zu einer Auktion versammelt, in deren Verlauf zwölfhundert Landparzellen versteigert wurden. Noch am selben Tag begannen die Käufer auf den erworbenen Grundstücken mit dem Bau der Stadt.

Hundert Jahre später nahm man diesen Termin zum Anlass für eine bescheidene Feier. Aber es sollte auch gar keine Geburtstagsparty stattfinden, die sich an den Dimensionen von Las Vegas messen ließe, sondern ein Stadtteilfest, das den Bewohnern den Anflug von Geschichtsbewusstsein und ein Gefühl von Heimat vermitteln wollte – kein einfaches Unterfangen in einem Ort, dessen Bewohner etwa zur Hälfte erst in den vergangenen zehn Jahren zugezogen sind. Und an einem Ort, dem wegen seines Konzepts der ständigen Veränderung nichts mehr schadete als ein Gedächtnis.

Man hatte eine alte Dampflok in die Fremont Street gerollt, hatte Wildwest-Stände zusammengenagelt, es spielten Country Bands. Und es wurde am späten Vormittag ein Laienspiel jener grundsteinlegenden Auktion aufgeführt. Diesmal waren nur einige hundert Menschen gekommen, um das Theater zu schauen – und Bürgermeister Oscar B. Goodman unter einem symbolträchtigen schwarzen Cowboyhut in der Rolle des damaligen Eisenbahnmoguls und Senators von Montana, William A. Clark, zu sehen und ihn sagen zu hören, dass in Las Vegas die einzige Grenze des Machbaren die eigene Imagination sei.

Einen besseren Zeitpunkt für das Fest hätte es nicht geben können. Die Bilanz, die Las Vegas Anfang des neuen Jahrtausends vorlegte, war die beste in ihrer Geschichte: knapp vierzig Millionen Besucher im Jahr, knapp vierzig Milliarden Dollar Einnahmen und eine Auslastung der Hotels von mehr als neunzig Prozent. Auch die zweitausendsiebenhundert Zimmer des „Wynn", eines Großhotels, das quasi zum hundertsten Geburtstag der Stadt eröffnete, waren augenblicklich ausgebucht. Mit 2,7 Milliarden Dollar Baukosten war es damals das bislang teuerste Haus der Stadt. Vielleicht sogar das teuerste Hotel der Welt. So etwas freut auch einen Bürgermeister.

Oscar B. Goodman ist ein Show-Mensch. „Die Leute, die nach Las Vegas kommen", so hatte er im Wahlkampf 1999 für sich geworben, „wollen Glamour, wollen das Schillernde. Dafür bin ich der Mann." Tiefer hätte er kaum stapeln können. Denn zuvor hatte Goodman mehr als dreißig Jahre lang so erfolgreich als Strafverteidiger für die Mafia gearbeitet, dass er von Kollegen unter die fünfzehn besten amerikanischen Anwälte gewählt wurde. In Martin Scorseses Mafiafilm „Casino" spielte er sich 1995 selbst. Überzeugend trat er früher für Gin-Werbung vor die Kamera. Und er hatte sogar für einige Zeit die regelmäßige Zusammenkunft „Martinis with the Mayor" ins Leben gerufen. Bis heute kokettiert er mit seiner Vergangenheit. Ja, sagt er, er habe sie alle gekannt, die „Mobster", die Ganoven, die Las Vegas groß gemacht haben und dabei Gewinne einstrichen, wie man sie sonst nur von Donald Ducks Onkel kennt. Aber was diese Menschen angestellt haben oder haben sollen, sagt er, davon habe er nichts gewusst – sonst wäre er jetzt reicher.

Als Goodman dann am Nachmittag noch einmal einlud, diesmal zur größten Torte der Welt, hatte er den schwarzen Cowboyhut abgelegt und zeigte, was er unter Glamour und Schillerndem verstand. Nun posierte er im Anzug mit zwei Mannequins des erotischsten Hotels der Stadt am Rand eines riesigen Batzens aus Biskuit und Buttercreme, der immerhin so groß war wie ein Basketballfeld, und verstand es, die Damen auch ohne Kuchengabel einen kräftigen Bissen nehmen zu lassen. Unmissverständlich sprach daraus der Geist seines Programms einer „neuen Freiheit der Sinnlichkeit", mit dem er der Stadt zu noch mehr Sex-Appeal verhelfen wollte.

Noch mehr? Las Vegas war damals doch gerade erst wieder verändert worden. Und genau in diese Richtung: mehr Sex-Appeal. Dort, wo früher ein riesiges Seeräuberschiff hinter der künstlichen Klippe des Hotels „Treasure Island" hervorgesegelt kam, um mit reichlich Pulverdampf und lärmenden Piraten eine britische Fregatte zu überfallen, steuerte das Boot jetzt den Gesängen einer Horde von Sirenen entgegen. Neun Damen, sehr wild geschminkt und sehr aufreizend gekleidet, tobten um den Mast und die Takelage eines Geisterschiffs wie Go-go-Tänzerinnen um ihre Eisenstangen, warfen ihr langes Haar in den künstlich erzeugten Sturm und die noch längeren Beine in die warme Wüstenluft. Und dann erst die Blicke! Frech und desinteressiert, verführerisch also. Sehr verführerisch.

„Ahoy", rief einer der Piraten hinüber. „Who's calling me a hoy?" rief Sineman zurück, die Obersirene, die ihren Namen demonstrativ abkürzte zu Sin. Dann erteilte sie ihrer Mannschaft den Befehl, sich fertig zu machen fürs Gefecht. „Absätze, Lippenstift, Puder!" Das genügte, und die Piraten verloren den Verstand. Stöhnend sprangen sie ins künstliche, aufgepeitschte Meer und wälzten sich wenig später ebenfalls stöhnend an Bord des fremden Schiffs unter den Sirenen. „Keine Kinderwagen auf den Stegen während der

Piratenshow", stand rund um die künstliche Bucht vor dem Hotel „Treasure Island" auf metallenen Hinweisschildern. Eher hätte es heißen sollen: „Keine Kinder".

„De-Disneyfizierung" wurde vornehm zurückhaltend das neue Motto damals auch genannt. Es bedeutete die Umkehr des Trends, die großen Hotels unter familienfreundliche Themen wie Ritter und Piraten, Römer und Ägypter, Venedig und Paris zu stellen, sie einzurichten mit den Attraktionen des Jahrmarkts und einzukleiden mit Versatzstücken der Architekturgeschichte, sodass ein Bummel entlang des Las Vegas Boulevard zu einem Spaziergang um die Welt wird: von der Freiheitsstatue über den Eiffelturm bis zur Rialtobrücke samt einem Canal Grande nebst Gondolieri.

Schluss mit diesen Kindereien, beschloss man und wollte fortan auf urlaubende Familien verzichten. Kinder geben kein Geld aus, und Eltern hüten nachts den Nachwuchs, statt die Zeit in den Casinos und Bars, den Shows und Restaurants zu verbringen. Das hatte man bald begriffen. Beides schadet dem Geschäft. Deshalb sollte fortan ein jugendliches und ausgabefreudiges Publikum kommen und die Nächte durchfeiern, dass die Wüste bebt. Und es kam. An manchen Freitagabenden bildeten sich mitunter auf den Highways von Phoenix und Los Angeles hierher hundert Kilometer lange Staus. Niemals hatte Las Vegas mehr Besucher. Das neue Konzept ging offensichtlich auf. Man nannte es bisweilen auch „Sexifizierung" – dann, wenn es keiner vornehmen Zurückhaltung bedurfte.

Eine Viertel Million Dollar hatte das Fremdenverkehrsamt von Las Vegas investiert, um herauszufinden, was Besucher von der Stadt erwarteten. Der Anblick gefälschter Architektur lag nicht an erster Stelle der Antworten. Vielmehr sehnten sich die Befragten nach dem Anstrich des Verruchten und Verbotenen, nach Geheimnissen für Erwachsene. Sie wollten ein Paralleluniversum, in dem die Gesetze von Tag und Nacht sowie Gut und Böse aufgehoben sind und in dem die Trinität von Saufen, Sex und Spiel regiert. Sieht man, wie schnell die Stadt reagiert hat, wie etwa das Hotel „MGM Grand“ kurzerhand seinen Vergnügungspark schloss, um an der Stelle eine Kopie des „Crazy Horse“ aus Paris zu eröffnen, glaubt man noch ein Echo zu hören vom Aufatmen der Casino-Manager. Es war, als konnten sie gar nicht schnell genug zurückfallen in die Zeiten der Sin City – der Sündenstadt, die hier mit rauen Holzbohlen und falschen Fassaden aus dem Wüstenboden gestemmt worden war und in der Begriffe wie wild und frei und ungezügelt nicht auf dem Ideenblock eines Marketingstrategen entstanden, sondern ganz prosaisch einen Alltag beschrieben zwischen Bordellen, Spielhöllen und Saloons. „Sag ich doch“, würde dies Oscar B. Goodman kommentiert haben.

Aber ganz so sündig wie am Anfang ihrer Geschichte stellte sich die Stadt dann doch nie wieder zur Schau. Meist geht es doch nur um Grenzerlebnisse in festen Erlebnisgrenzen. Und zumindest in der perfekten Unterhaltungsmaschinerie des Strip endete der Mut zur Erotik seit jeher bei der gemäßigten, fröhlichen Form der Burleske. Dort ist Las Vegas die Sündenstadt einer Spaßkultur.

Zwei Querstraßen weiter wirkte es anders. Im „Sapphire“ etwa, dem mit einer Fläche von knapp siebentausend Quadratmetern angeblich größten Striptease-Lokal der Welt, stand den Tänzerinnen der Ernst ihres Jobs ins Gesicht geschrieben, wenn sie nach drei Minuten der Räkelei ein paar Dollarscheine von der Bühne klaubten und im Schatten der Treppchen in ihre Handtäschchen stopften. Es wird einen triftigen Grund dafür gegeben haben, dass damals innerhalb kürzester Zeit immerhin zwanzig neue Striplokale eröffnet hatten. Fünfzehntausend sogenannte „Exotic Dancers“ gab es in der Stadt. Wer sie lieber im eigenen Hotelzimmer kennenlernen wollte, dem halfen zahlreiche Begleitagenturen. Visitenkarten mit aufreizenden Farbfotos, lokalen Telefonnummern und Festpreisen werden am Strip bis heute tagein, tagaus in solch astronomischen Stückzahlen verteilt, dass man im Laufe der späteren Nacht auf der Straße in den Hochglanzbildchen watet.

Der Fantasie geben diese Kärtchen reichlich Nahrung – und dem ökonomisch orientierten Urlauber darüber hinaus handfeste Hilfestellung bei der Wahl zwischen Amanda, Patty und Han-Li: etwa mit einem Rabatt bei Gruppenbestellung oder dem Angebot, am nächsten Tag noch einmal umsonst zu erhalten, was man am Abend zuvor bezahlt hat. Auf der Kreditkartenrechnung, beruhigt das Kleingedruckte, würde „das Wesen dieses Geschäfts“ nicht erwähnt.

Dass dieses Geschäft sich damals, heute und zukünftig am Rande der Legalität bewegt, scheint indes sicher. Denn davon, dass er sich einst vehement für die Legalisierung der Prostitution in Las Vegas eingesetzt hat, wollte der Bürgermeister schon bald nichts mehr wissen. Man könne sich schließlich auch so gut amüsieren, sagte er – damals, vor dem Riesenkuchen, mit den schönen Frauen im Arm.

Las Vegas hat sich verändert. Die Stadt galt als Sensation, als sie sich von den vierziger und fünfziger Jahren an entlang der breiten Ausfallstraße inmitten der Wüste mit einem ungewöhnlichen Verkehrs- und Architekturkonzept schon einmal neu erfand. Mit sechs Spuren, schier unendlich weiten Entfernungen zwischen den Casinos und haushohen Werbeschildern quer zur Fahrbahn richtete sich der Strip ganz und gar an Autofahrer. Man fuhr von Casino zu Casino, warf den Herren vom Valet Service die Autoschlüssel zu und ließ sie den Wagen weit entfernt parken, selbst wenn man nur eine halbe Stunde bleiben wollte. So war Amerika einmal.

Inzwischen ist alles ein wenig zusammengerückt. Brücken und Passagen, Plätze und Nischen machen den Strip zur Flaniermeile, wie es keine zweite in Amerika gibt. Zwar sorgen Rollbänder in schrill beleuchteten Tunneln allenthalben dafür, dass einen die Casinos förmlich aufsaugen. Dennoch findet die vielzitierte einzige große Party, als die Las Vegas sich gern beschreibt, auch im Freien statt.

Zu Tausenden gehen im Sommer die Besucher in Bermudashorts und T-Shirts die breiten Bürgersteige auf und ab: einen Cocktail in der Hand oder eimergroße Gläser voller Margaritas im Arm. Vor einem Laden singt ein Elvis-Doppelgänger Rock 'n' Roll. Und im Carnaval Court wackeln auf einer Freilichtbühne Damen und Herren jeden Alters im „Bootie Shaking Contest" um die Wette, während sich die Gäste von einem trillerpfeifenden Barkeeper kostenlos aus einem Meter Höhe eine Mischung aus Rum und Zitronensaft in den weitgeöffneten Mund schütten lassen.

In den Nachtclubs der großen Hotels dagegen, dort, wo man in T-Shirt, Jeans oder Tennisschuhen keine Chance hat, am Türsteher vorbeizukommen, sind die Partys eher von einer Mischung aus Luxus und Abgeklärtheit geprägt als von dem explosiven Treibstoff aus Lust und Gier. Alles bleibt angedeutet; bisweilen buchstäblich. In der vornehmen „Shadow Bar" im „Ceasars Palace" etwa tanzen links und rechts der Theke junge Frauen nackt hinter einem Vorhang. Von hinten beleuchtet, nur als Schattenriss zu sehen, bewegen sie sich zu moderner Musik zeitlupenhaft zwischen gelangweilt und lasziv und vermitteln das prickelnde Gefühl eines James-Bond-Trailers aus den späten sechziger Jahren. Dass es auch anders geht, zeigt auf der anderen Seite eines breiten Korridors voller einarmiger Banditen im „Pure" die Jungmädchengruppe „Pussycat Dolls" und präsentiert umgekehrt zu Stücken der Sechziger überaus moderne Schrittfolgen.

Die „Pussycat Dolls" sind die Sirenen der Rockmusik. Singen sie „Fever", steigt im Raum die Temperatur; singen sie „These Boots are made for Walking", kommt man ins Zweifeln angesichts der endlos hohen Absätze ihrer Stiefel. Außer diesen Stiefeln tragen sie kaum mehr als schwarze Netzstrümpfe und rosa Federboas. Ihre Gesangsqualitäten zu beurteilen fällt deshalb schwer und wäre unfair, weil die Show sich anderen Sinnen als dem Gehör zuwendet. Die akrobatischen Qualitäten indes sind nicht zu verkennen. Den schweißtreibenden Spagat auf einer eigens dafür in der Bar installierten Wendeltreppe vergisst man so schnell nicht. Dass diese „Pussycat Dolls" nur Klone der Originalformation aus Los Angeles sind, dämpft die Begeisterung keineswegs. Zumal, wenn die Sängerin Kelly zum Abschied um Mitternacht als „Wort der Weisheit" den Frauen im Publikum verrät, dass „eine Pussycat Doll in euch allen steckt". Dann verschwindet sie in der Garderobe, und die Gäste schieben sich die Treppen hinauf zur Terrasse, wo man inmitten des Lichtermeers einer Illusionsarchitektur augenblicklich versteht, weshalb sich selbst das Fremdenverkehrsamt eine Zeit lang im offiziellen Jargon zur Vokabel „Sex Appeal" hinreißen ließ, statt von Sinnlichkeit zu reden – freilich mit der Betonung auf Appeal. Denn eben nicht Sex sollte Las Vegas angeblich vermitteln, sondern eine Atmosphäre, durch die der Besucher sich sexy fühlt. Das passt mit vollendeter Konsequenz zu dieser Stadt, die sich so gut auf Simulationen versteht, dass man manchmal befürchtet, sie könne sich auflösen wie das Bild auf einem Monitor.

Sex-Appeal: Das ist in Las Vegas nicht zuletzt auch das Angebot, durch eine Welt auf der Grenze zwischen Luxus und Maßlosigkeit zu schlendern, als gehörte man dazu. Wie selbstverständlich schoben sich nach der Eröffnung Touristenströme durch die Verkaufsräume des Ferrari-Maserati-Händlers im Erdgeschoss des Hotels „Wynn". Vor dem Schaufenster von Harry Winston darf jedermann kenntnisreich Juwelenringe abnicken, deren Steine mindestens drei Finger verdecken. Und in der Monet-Ausstellung im „Bellagio" ertappte man sich dabei, nach einer Preisliste fragen zu wollen. Natürlich helfen die eitlen

Kulissen dem Größenwahn nach: die anderthalb Etagen hohen Karyatiden im Einkaufszentrum von „Ceasars Palace", die echten Picassos im Restaurant „Picasso". Nirgendwo auf der Welt, so heißt es, gäbe es mehr Deckengemälde als in den Hallen und Gängen des Hotel-Casinos „Venetian" – perfekte Renaissance-Kopien, die jeden Gast in Gedanken zu einem Fürsten machen.

Auch die Partys in den dunklen, oft laut bespielten Lounges unterliegen dieser eigentümlichen, vielleicht uramerikanischen Form der Demokratisierung. Zwar muss man damit rechnen, stundenlang anzustehen, wenn man nicht bereit ist, einen Tisch zu reservieren und sich dadurch verpflichtet, einen Abend lang Spirituosen gleich flaschenweise zu konsumieren. Und man wird sich dann später meist auch vergeblich um einen Sessel bemühen. Doch an den Bars, die Cocktails für fünfundachtzig Dollar und Cognacs die Flasche zu tausendachthundert Dollar ausschenken, erhält man mit einem professionell freundlichen Lächeln stets kostenlos ein Glas Eiswasser. Und auf den Tischen dürfen nicht nur die „Pussycat Dolls" tanzen, sondern jeder – und vor allem jede.

Den Höhepunkt der Ausgelassenheit schien vor einigen Jahren das „Palms" zu versprechen, ein Haus, das frei von ausgefallener Architektur und themengebundener Möblierung einzig einen hedonistischen Jugendkult als Thema vermarktet. Mit einem vielversprechenden Foto kündigte es einen Sommer über jeden Dienstag „Skinny Dip"-Partys an: Nacktbaden an der Pool Bar. Die Sensation, die sich dahinter verbarg, konnte nur ermessen, wer die Scheu erlebt hat, mit der Angestellte anderer Hotels auf die Möglichkeit verweisen, sich in abgesperrten Bereichen ihrer Anlagen „europäisch" zu sonnen – das heißt: oben ohne. Doch dann stellte sich heraus, dass „Skinny Dip" bloß ein verkaufsträchtiger Name war und keineswegs die Aufforderung, sich der Bikinis zu entledigen.

Wie auch bei anderen Slogans entpuppte sich der vermeintliche Grenzgang als Gag. So war es schon bei dem zweideutigen Werbespruch „Cold Beer, Dirty Girls“ für Ringkämpfe im Schlamm. Und die „Tangerine Bar“ nannte sich in der Werbung „The Night Club with a Strip View“ – weil man von der Terrasse aus auf die Hauptstraße schaut: den Strip. Auf seinem Prachtboulevard spielte Las Vegas mit dem Anzüglichen nur. Allein das „Hard Rock“ ging dem Rathaus einen Schritt zu weit. Sein gigantisch großes Plakat einer nackten Schönen auf einem Black-Jack-Tisch, eine Spielkarte im Mund und den Satz auf den Lippen, dass man stets versucht sei, zu betrügen, musste das Hotel wieder herunternehmen. Betrug! Ein solches Wort darf es nicht geben im Vokabular von Las Vegas.

Ein letzter Nachtclub, damals, bei einer dieser Reisen, ein letzter Blick auf die Stadt, vom „Mix“ aus, einer Bar im vierundsechzigsten Stockwerk des kalt-schicken Hotels „THEhotel“, das seinen Gästen Liegen auf die Terrasse geschoben hat. Von nirgendwo sonst erkennt man deutlicher, welch ein Fremdkörper der knapp zehn Kilometer lange Strip in der sich über mehr als sechzig Kilometer hinziehenden Stadt aus Einfamilienhäusern ist: eine schmale Zeile aus Millionen von Lichtern, die aus dem Dunkel der Wüste aufsteigen und um die Wette blinken und blitzen und glitzern. Das Auge bleibt hängen an einem Obelisken, an der Kopie des Chrysler Buildings, an einem verkleinerten Eiffelturm. Weshalb, fragt man sich, ist einem die Erotik dieser Architektur eigentlich nicht viel früher aufgefallen? Dort oben begreift man, was es bedeutet, dass vor einem Hotel regelmäßig ein künstlicher Vulkan ausbricht, und vor einem anderen aus zwölfhundert Düsen Wasserfontänen in den Himmel spritzen. Es ist sicher nicht falsch, zu sagen, dass Las Vegas an die niederen Instinkte im Menschen appelliert. Ihre Hülle des Flitters und Glitters brauchte die Stadt für das neue Image gar nicht abzulegen, sie ließ sie bloß ein wenig die Schulter herab rutschen.

Und jetzt soll schon wieder alles anders sein! Las Vegas hat sich verändert. Während Shows wie „Les Folies Bergère“ oder „An Evening at La Cage“ und Clubs wie das „Crazy Horse“ mangels Publikum schlossen, bekam die Stadt zum Weihnachtsfest 2009 ein Geschenk, wie keine andere Stadt es je bekommen wird: „City Center“ – ein Hotel- und Casinokomplex, der am Ende achteinhalb Milliarden Dollar gekostet hat, mehr als angeblich jeder andere privat finanzierte Bau in der Geschichte der Vereinigten Staaten.

Auch „City Center“ ist ein Stück Fantasiearchitektur, eingepasst in die Lücke zwischen den Hotels „Monte Carlo“ und „Bellagio“. Der Grundgedanke aber ist ein anderer – und dabei von solcher Einfachheit, dass er in Las Vegas bereits als Paradigmenwechsel begriffen wird: Schluss mit dem Märchenland. Es sei an der Zeit, dass Las Vegas, immerhin eine Stadt mit zwei Millionen Einwohnern, erwachsen werde. So dachte sich MGM Mirage die Simulation eines Finanzzentrums aus und engagierte für die Umsetzung die berühmtesten Architekten: Norman Foster, Helmut Jahn, Rafael Viñoly, César Pelli und Daniel Libeskind. Was sie gemeinsam entwickelten, zeichnet sich vor allem durch Dichte aus. Obwohl ihnen knapp dreißig Hektar Grund zur Verfügung standen, berühren die Häuser einander fast, und das größte unter ihnen, Pellis Entwurf für das Hotelcasino „Aria“, ist sogar so gebaut, dass zwei Bögen einander durchdringen. Zugleich aber nimmt gerade dies dem Gebäude die Massivität und verleiht der gesamten Anlage eine selten zuvor erlebte dynamische Eleganz. Es ist ein grandioses Ensemble entstanden, das sich mit jedem Schritt zu neuen, atemberaubenden Bildern komponiert und das ganz ohne den für Las Vegas typischen Glitter nachts dennoch eine unerwartete Strahlkraft entwickelt. Einige der Gebäude sind mit einer Hochbahn verbunden, die sich in weiten Kurven geräuschlos durch die Häuserschluchten schiebt. Es sieht aus wie in Fritz Langs „Metropolis“.

Kein Kitsch, kein Plüsch und keine Ironie, das hatten die Architekten voneinander verlangt. Vor allem keine Mittelmäßigkeit. Hier sollten auch jenseits der ökologischen Bauweise und Ausstattung, die zu ungewöhnlich hohen Zertifizierungen geführt hat, neue Standards für Stadtentwicklung gesetzt werden. Nichts ist hier Kulisse. Alles könnte so auch anderswo stehen. Und doch fällt einem allenfalls noch ein einziger anderer Ort ein, dem solcher Größenwahn zuzutrauen wäre – Dubai: vier Hotels der Luxuskategorie mit zusammen mehr als sechstausend Zimmern, das größte einundsechzig Etagen hoch, darin neben dem riesigen Spielcasino zweiundvierzig Restaurants sowie ein eigenes Theater, in dem mit einer Elvis-Revue die einzige Reverenz an das alte Las Vegas stattfindet. Dazu drei Hochhäuser mit tausend Eigentumswohnungen, für die Helmut Jahn zwei sich um fünf Grad neigende Zwillingstürme entworfen hat, während Norman Foster durch seine bunte Glasfassade auffällt. Ins Zentrum schmiegt sich die grandiose Shopping Mall „Crystals“ von Daniel Libeskind, ein splittriges Gebäude, ausufernd nach allen Seiten – ein einziges Geschiebe und Gestemme aus Beton und Edelstahl, lauter Pfeile, Keile und Spitzen eines ins schier Endlose vergrößerten Kristalls, kurz: der Haus gewordene Dekonstruktivismus. Und rundherum Kunst. Plastiken von Claes Oldenburg und Henry Moore, Maya Lin und Isa Genzken. In der Zufahrt zur Tiefgarage laufen die Aphorismen von Jenny Holzer über eine Leuchtwand, und hinter einem Fenster hat Richard Long etliche Etagen hoch zwei Schlammgemälde an die Wand gerieben. Vierzig Millionen Dollar durfte allein Michelle Quinn für die Ausstattung der öffentlichen Plätze von „City Center“ ausgeben. Hätte sie etwas mehr zur Verfügung gehabt, sagt sie, stünde hier nun auch eine Plastik von Jeff Koons, und irgendwo wäre hinter Glas der diamantenbesetzte Schädel von Damien Hirst ausgestellt.

Vielleicht ist „City Center“ genau das Stadtzentrum, dass Bürgermeister Oscar B. Goodman den Bürgern seit Jahren verspricht: ein Ort der Begegnungen, ein Treffpunkt für Passanten und Flaneure, umspielt von zauberhafter Architektur. Goodman schwebt vor, die heruntergekommene Innenstadt von Las Vegas neu zu beleben. Zum hundertsten Geburtstag der Stadt kursierte sogar eine Zeichnung, auf der die Stadtväter das neue Downtown entworfen hatten. Unmittelbar am Ende der Fremont Street sollten auf einer Brachfläche das neue Rathaus, ein medizinisches Forschungszentrum und ein großes Kulturzentrum entstehen, sogar ein Baseball-Stadion war vorgesehen, obwohl die Stadt gar keine Mannschaft hat. Und es sollte die Schwebebahn, die bislang nur die großen Hotels des Strip mit dem Kongresszentrum verbindet, bis dorthin verlängert werden. Dann würden neue Geschäfte, Restaurants, Bars und Cafés ganz von allein folgen, glaubte Goodman, und es würde ein gesundes urbanes Zentrum entstehen. In fünf Jahren, versprach der Bürgermeister damals und benutzte dazu die Vokabel „Manhattanisierung“, werde man Downtown nicht wiedererkennen. Fern den verspielten Welten des Strips sollte dieser Stadtteil ausgerechnet an der Wirklichkeit gesunden.

Allzu viel hat sich nicht getan. Im Gegenteil: Dowtown wird immer trister. Im Milliarden-Poker von Las Vegas spielt dieser Teil der Stadt nur eine marginale Rolle. Während die großen Casinos hinter der Illusionsästhetik ihrer Protzfassaden mittlerweile weit mehr als die Hälfte des Umsatzes mit ihren besternten Restaurants, exklusiven Ladengalerien und extravaganten Bühnenshows machen, die Einnahmen mit dem Glücksspiel hingegen eine immer geringere Rolle spielen, zieht Downtown vor allem mit Einarmigen Banditen und Spieltischen Besucher an. Bezeichnenderweise findet man dort in den Andenkenläden fast nur Ansichtskarten der glitzernden Skyline aus architektonischen Versatzstücken New Yorks, Venedigs und von Paris, in den Regalen stehen als Plüschtiere die weißen Tiger von Siegfried und Roy, deren Zaubershow es längst nicht mehr gibt, und das Steakhaus im oberen Stockwerk eines Hotels wirbt ausgerechnet mit der Aussicht auf den Strip, der das alte Zentrum an die wirtschaftliche Peripherie verdrängt hat.

Zehn Autominuten trennen die beiden Orte. Es liegen Welten dazwischen. Wie ein Hohn wirkt die Begrüßung auf einem verbogenen Schild „Welcome to Fabulous Las Vegas“. Verfallende Motels, in deren Pools das Gras wächst, säumen die Straße. Von etlichen der Wedding Chapels blättert der Lack ab. Die Straßen um die Fremont Street sind breit und leer. Aus der Fremont Street selbst und dem querenden Casino Center Boulevard wurde 1995 eine Fußgängerzone, die man mit dem größten Fernsehbildschirm der Welt überdacht hat – vierhundertfünfzig Meter lang. Das nimmt den Casinos die Luft und staucht ihre stockwerkhohen Neonreklamen über den Eingängen optisch zusammen. Die Lichtgewitter der „Sky Parades“, die abends zur vollen Stunde über die Straße jagen und mal mit psychedelisch anmutenden Farbenspielen zu betören versuchen, mal mit Filmen erschrecken, in denen sich täuschend echt wirkende Raumschiffe einen Luftkampf bieten oder Starfighter knapp über die Köpfe der Passanten düsen, konnten den Niedergang von Downtown nur einen Moment anhalten. Auf Dauer halfen sie nicht. Deshalb versuchte die Werbung Vorteile aus den alten Häusern zu ziehen: Sie sprach von „Vintage Vegas“, jener amerikanischen Denkweise verpflichtet, nach der Alter an sich bereits einen Wert darstellt. Immerhin, manche der Gebäude können ihre Geschichte bis in das Jahr 1906 zurückverfolgen – und die düsteren, holzgetäfelten Wände des „Golden Gate Hotel“ und seines „Bay City Diner“ unterscheiden sich wohltuend vom falschen Marmor in den Grandhotels am Strip.

Es ist ein älteres, ärmeres Publikum als am Strip, das sich hier vergleichsweise ernst dem Glücksspiel widmet. Die wenigen Shows passen sich an: Im „Golden Nugget“ trat noch in diesen Tagen der Sänger Tony Bennett auf – ein Rentner unter Rentnern. Man bekäme in Downtown mehr für sein Geld, heißt es mitleidig im glanzvollen Teil von Las Vegas. Gemeint sind damit billige Unterkünfte und die traditionellen Krabben-Cocktails für neunundneunzig Cent, vielleicht auch die kostenlosen Plastikperlenketten, die junge Frauen in Kostümen für den Mardi Gras verteilen, um damit Gäste in die Casinos zu locken. Man könnte aber auch von den teuren Uhren und klobigen Ringen sprechen, die hier nicht in Vitrinen prominenter Hotel-Juweliere liegen, sondern im Schaufenster eines Pfandleihers – und die man nicht umhinkommt, als Belege uneingelöster Glücksspielversprechen zu deuten.

Ihren vollkommenen Ausdruck findet die Situation der alten Innenstadt in der Geschichte des „Neon Museum“, einer Sammlung alter Leuchtreklamen, die mangels eines eigenen Hauses eine Zeit lang zur Stadtmöblierung der Innenstadt benutzt wurden; darunter interessante Stücke wie die Wunderlampe des „Aladdin“-Hotels. Wunder freilich vollbrachte nicht einmal mehr sie. Was als Rettung einer eigenständigen Zeichensprache gedacht war, belegte stattdessen, dass die Fremont Street bloß noch ein Abglanz des alten Las Vegas ist. Die Straße schmückte sich mit ausgedienten Zeichen – und machte sich damit gleichsam zum Friedhof. Mittlerweile sind die meisten Schilder auf einem Gelände in der Wüste abgestellt. Nur einige hängen noch im Hof des gutgemeinten Einkaufszentrums „Neonopolis“ gegenüber den alten Casinos. Aber auch dies sieht längst aus wie die Geisterstadt in einem Endzeit-Thriller. Die Rolltreppen laufen zwar, aber die Geschäfte sind geschlossen, die meisten leer hinter den staubblinden Scheiben.

Erst wer sich die Mühe macht, die Trostlosigkeit der Brachflächen von Downtown hinter sich zu lassen, kommt irgendwann an die Baustelle der Cleveland

Clinic, einer Alzheimer-Forschungsstätte, für die Frank Gehry ein mehrfach gefaltetes und gebogenes Metallgitter als Hülle entworfen hat. Ein paar Meter weiter staunt man über die riesige, braunrot verkleidete Indianerburg, in der die Regierung von Clark County untergebracht ist. Und noch etwas weiter ragt der neue World Trade Market in den Himmel: zwei riesige Würfel. Über den einen ist eine Satteldecke geworfen, so wenigstens sieht es aus, durch den anderen ein Keil gestoßen: Monumentalarchitektur, in deren Geist hier ein ganzer Straßenzug folgen soll. Noch aber breitet sich vor allem Wüste aus – und später, wenn eines Tages dies alles vielleicht doch noch gebaut werden sollte, samt den fünfzig Wohnhochhäusern, die geplant waren, weil der Wildwuchs der Neubausiedlungen schon fast bis an die sandigen braunen Berge rund um die Stadt heranreichte, dieses fernen Tages also, so ist zu befürchten, wird hier wieder etwas entstanden sein, das nur mit dem Auto zu bewältigen ist. Und eben keine Innenstadt.

„Ein Bürgermeister hat Visionen", heißt es bei der MGM-Mirage-Gruppe zu den Plänen Oscar B. Goodmans, „er hat aber nicht unbedingt Geld." Und dann, während der Eröffnung von „City Center", fügte man hinzu, gerade so, als habe man von einer globalen Finanz- und Wirtschaftskrise noch nie etwas gehört: „Das war bei uns anders."

Geboren wurde „City Center" zu einer Zeit, als das Wachstum in Las Vegas schon frivole Züge annahm. Jedes neue Hotel war größer als das vorangegangene, vierzigtausend neue Zimmer sollten bis 2012 entstehen, obwohl es schon hundertvierzigtausend gab. Die vierzig Millionen Besucher jedes Jahr sorgten für so viele Arbeitsplätze, dass jede Woche zwei- bis dreitausend Menschen neu in die Stadt zogen. Jeden Monat wurde eine neue Schule gebaut, und jedes Jahr entstanden dreißigtausend neue Wohnhäuser. Die Arbeitslosigkeit lag unter vier Prozent. Dann kam im

Herbst 2008 die Krise und machte vor Las Vegas eben doch nicht halt, obwohl man sich hier standhaft einredete, dass gerade Krisenzeiten gute Zeiten für Glücksspiel und Unterhaltung seien.

Es ging auch gar nicht einmal die Zahl der Besucher zurück. Sie geben momentan einfach nur weniger Geld aus. Angelockt werden sie mit Zimmerpreisen, die unter den tatsächlichen Kosten des Hauses liegen – in dem Glauben, dass sie bei den Shows, in den Restaurants und in den Casinos umso großzügiger mit ihrem Geld umgehen. Diese Hoffnung hat sich bisher nicht erfüllt. Die Einnahmen sinken. Die Arbeitslosigkeit ist mittlerweile auf über dreizehn Prozent gestiegen. Und der Immobilienmarkt ist auch in Las Vegas am Boden. Statt ihre Kreditraten zu bezahlen, schicken so viele Eigenheimbesitzer einfach nur ihre Hausschlüssel an die Bank, dass es dafür schon einen eigenen Begriff gibt: „Jingle Mail" – Klimperpost. Dann verschwinden sie auf Nimmerwiedersehen, und jetzt sind ganze Neubausiedlungen verwaist. Zum ersten Mal in der Geschichte der Stadt ging die Einwohnerzahl zurück. Dabei hatte man noch vor kurzem für das Jahr 2016 mit drei Millionen Menschen gerechnet.

Dass „City Center" eröffnet wurde, grenzt in diesem Umfeld an ein Wunder. Bauruinen entlang des Strip, etwa die drei riesigen Flügel des geplanten Luxushotels „Echelon", zehn Stockwerke hoch von ursprünglich siebenundfünfzig geplanten, zeigen, dass andere Unternehmen weniger Fortüne hatten. Und direkt gegenüber wirbt das Hotel „Sahara" fast schon trotzig mit dem Satz „Dollar Days Are Back" und dem Versprechen, dass neben Bier und Hotdogs auch die Spirituosen nicht mehr als einen Dollar kosten.

Die Rezession sei doch nur ein Tief im ewigen Kreislauf der Wirtschaft, sagen sogar die, die in Las Vegas Milliarden verloren haben. „So what", wird Sheldon Adelson zitiert, der Vorsitzende der Las Vegas Sands Corporation und noch vor zwei Jahren angeblich der drittreichste Mann der Welt. „Eine Milliarde Dollar ist schon lange nicht mehr, was sie mal war." Die Aktien seines Unternehmens sanken im März 2009 von einst 144 auf 1,42 Dollar.

Auch um „City Center" stand es nicht gut. Um die ursprünglich auf vier Milliarden geschätzten, dann aber ständig steigenden Baukosten aufzubringen, musste MGM Mirage sein Casino „Treasure Island" verkaufen. Als das Unternehmen später dennoch kurz vor dem Bankrott stand, sprang ausgerechnet Dubai World ein, die Staatsholding des Emirats Dubai, die bald darauf selbst durch die Zahlungsaussetzungen ihrer Schulden für Aufregung an den Finanzmärkten sorgte. Auch blieben erhoffte Einnahmen durch den Verkauf von Eigentumswohnungen aus – die Preise wurden teils erheblich nach unten korrigiert. Dass der Bau von Norman Foster wegen Mängeln im Fundament statt vorgesehener neunundvierzig Stockwerke nur noch sechsundzwanzig Etagen hoch werden durfte, galt manchen schon als Erlösung.

Nun erhofft sich Las Vegas von „City Center" die Wirkung eines Katalysators. Nicht nur die zwölftausend neuen Arbeitsplätze sollen der Stadt einen neuen Anschub geben. Es verbirgt sich dahinter vielmehr die Botschaft, dass die Krise bald vorüber sei. Hier feiert Amerika sich auch selbst, geradeso wie mit dem Empire State Building oder dem Rockefeller Center in New York, die beide während der Depressionszeit gebaut wurden. „City Center bringt Las Vegas zurück", sprach Oscar B. Goodman in die Fernsehkameras. Diesmal hatte er niemanden im Arm. MGM Mirage verspricht noch mehr: Mit der „urbanen Elite" als ihrem Zielpublikum glauben die Investoren des kühleleganten Komplexes, eine neue, finanzkräftige Klientel anzusprechen, die der Kitsch der Hotels bisher eher davon abgehalten hat, die Stadt zu besuchen.

Das sah am Eröffnungsabend allerdings noch ein wenig anders aus. Zwanzigtausend Menschen hatten sich auf der Straße angestellt, um nach der großen Gala gegen Mitternacht eingelassen zu werden. Was folgte, waren Bilder wie nach dem Mauerfall in Berlin. Massen strömten durch die Türen und jubelten dem kaum überschaubaren Tross von Fotografen und Kameraleuten zu, als seien sie auf dem Weg in die Freiheit. Dann besetzten sie binnen weniger Minuten die Spieltische und Spielautomaten, als habe es so etwas in der Stadt nie zuvor gegeben. Wo eben noch ein Premierenpublikum flanierte, schoben sich nun Massen durch die Gänge. Wo eben noch Harfenklänge durch den Raum schwebten, bimmelten, klingelten und dröhnten wie auf Anweisung eines Dirigenten nun tausend Glücksspielautomaten ihre nervöse Melodie. Es war ein Moment des Irrsinns. Als sei man in einen Mahlstrom geraten.

Die bildschönen Hostessen, die man zur Freude der Besucher wie Blumenbouquets zu Hunderten an Treppenaufgänge und Türen gestellt hatte, waren binnen eines Wimpernschlags verschwunden. Und statt Abendgarderobe beherrschten nun Bluejeans und Sweatshirts das Bild. Da war das schicke „City Center" mit einem Mal in der Normalität angekommen.

Die Sonne ging gerade auf und warf lange Schatten in die Furchen der Berge, die grau und düster und schroff hinter den Hotels am Strip in den Himmel ragen. Die Lichtreklamen waren wieder ausgeschaltet, und die Fassaden der großen Hotels wirkten nun fahl im kalten Morgenlicht. Abweisend und verschlossen erinnerten sie an mittelalterliche Festungen. Nur in der goldenen Fensterfläche des Mandalay Hotels reflektierte sich zaghaft ein Morgengruß. Als Schattenrisse begleiteten die Palmen des Flughafens eine Zeit lang die A320, während sie über das Rollfeld rumpelte. Dann hob die Maschine ab, und wenige Momente später löste die Stadt sich in der Endlosigkeit der Wüste auf. Ich schloss die Augen. Es war Zeit zu schlafen.

Domínguez und Escalante

Verschwinde, wenn du kannst

22. Oktober 1776. Am 22. verließen wir Santa Barbara in nord-nordöstliche Richtung und hielten nach besagtem Olivares Ausschau. Nach ungefähr zwei Meilen fanden wir ihn in der Nähe eines kläglichen Wasserlochs. Es war gerade noch genug darin, dass die Männer etwas trinken und wir das kleine Fass füllen konnten, das wir für den Fall mitgebracht hatten, heute Nacht auf Wasser zu stoßen. Wir setzten unseren Weg durch die Ebene fort, und als wir vier Meilen nach Nordosten gegangen waren, sahen wir einen Pfad, der nach Süden führte; der Übersetzer sagte, die Yubuincariri hätten ihm erzählt, dass wir auf diesem zum Fluss gelangen würden, und so nahmen wir ihn. Doch nachdem wir ihm eine Meile nach Süden gefolgt waren, merkten wir, dass der Übersetzer sich wohl geirrt hatte, denn dieser führte nach einem kurzen Stück zurück. So wandten wir uns also nach Osten und stiegen in das kleine Gebirge hinauf, was wir eigentlich hatten vermeiden wollen: Es erstreckte sich fast vollständig von Norden nach Süden und quer über die ganze östliche Seite der Ebene. Wir hatten einige Mühe, es zu durchwandern, und die Pferdeherden wurden müde, da das Gebiet sehr felsig war und in Schluchten abfiel.

Die Nacht brach über uns herein, als wir auf der anderen Seite, entlang eines sehr hohen, steilen Grats voller Geröll, hinab stiegen. Wir sahen einige Feuer weiter unten, jenseits einer kleinen Ebene. Wir dachten, Andrés, der Übersetzer, und der Laguna-Indianer

Joaquín hätten sie entfacht, um uns zu signalisieren, wo sie sind: Sie waren vorausgegangen, um Wasser für die Nacht zu finden. Doch als wir schließlich unten waren und fünf Meilen in ost-nordöstlicher Richtung zurückgelegt hatten – nicht auf dem genannten Pfad, sondern mit ein paar Umwegen durch die Schluchten der Sierra –, kamen wir zu den Feuerstellen. Indianer hatten dort drei kleine Lager errichtet, und bei ihnen waren unser Übersetzer und Joaquín. Wir beschlossen, die Nacht hier zu verbringen, denn nicht weit entfernt nach Osten und Westen gab es Wasser und Weiden für die Pferde, die inzwischen vollkommen erschöpft waren. Wir gaben dem Ort den Namen San Juan Capistrano. Zwölf Meilen heute.

Weil es schon dunkel war, als wir bei diesen Camps ankamen, und die Indianer nicht erkennen konnten, wie viele Menschen eintrafen, liefen die meisten in Panik davon. Der Übersetzer und der Laguna Joaquín versuchten zu beschwichtigen, doch nur drei Männer und zwei Frauen blieben zurück. Zutiefst beunruhigt, sagten diese zu unserem Laguna: „Kleiner Bruder, Du bist einer von uns; Du musst verhindern, dass diese Leute, mit denen Du gekommen bist, uns töten."

Wir behandelten sie äußerst liebevoll und versuchten alles, ihnen den Argwohn zu nehmen und die Furcht, die sie uns entgegenbrachten. Sie beruhigten sich ein wenig, und in dem Bemühen, uns eine Freude zu machen, boten sie uns zwei gegrillte Hasen an und einige Pinienkerne. Obwohl sie sehr ängstlich waren, gingen zwei von ihnen los, um den Dienern zu zeigen, wo die Pferde trinken konnten. [...]

Diese Indianer werden in ihrer Sprache Pagampachi genannt, und ihre unmittelbaren Nachbarn im Norden und Nordwesten Ytimpabichi.

Wir hatten uns zurückgezogen, um uns zu erholen, als einige unserer Weggefährten, unter ihnen Don Bernardo Miera, zu einer der Hütten gingen, um mit den Indianern zu sprechen. Sie sagten ihnen, dass besagter

Don Bernardo auf der ganzen Reise krank gewesen sei. Entweder wurde er darum gebeten oder er bot es selbst an, jedenfalls machte sich ein anwesender alter Indianer daran, ihn mit Gesängen und Zeremonien zu heilen. Wenn es nicht offenkundiger Götzendienst war (was es sein musste), dann wohl kompletter Aberglaube. Alle unsere Leute nahmen es dankbar an, der Kranke auch. Sie hießen die Rituale willkommen als bedeutungslose, freundliche Gesten. Dabei hätten sie diese verhindern müssen, weil sie das Gegenteil des Evangeliums und des göttlichen Gesetzes waren, zu dem sie sich bekannten, oder zumindest hätten sie sich zurückziehen müssen. Wir hörten den Sprechgesang der Indianer, wussten aber nicht, worum es eigentlich ging. Als sie uns am nächsten Morgen eine genaue Erklärung gaben, waren wir angesichts dieser folgenschweren Nachlässigkeit zutiefst betrübt und tadelten sie. Wir unterwiesen sie in der christlichen Doktrin, auf dass sie nie wieder einem solchen Irrtum ihre Zustimmung erteilen würden, sei es durch ihre bereitwillige Anwesenheit oder in irgendeiner anderen Art und Weise.

Das ist einer der wesentlichen Gründe, warum die Ungläubigen, die am meisten Kontakt mit den Spaniern und Christen in dieser Region haben, sich der Wahrheit des Evangeliums besonders widersetzen, und ihre Bekehrung wird von Tag zu Tag schwieriger. Während wir den ersten Sabuaganas, die wir sahen, von der Notwendigkeit der heiligen Taufe predigten, fand der Übersetzer – wohl um sie nicht zu verärgern oder lange bestehende Freundschaften nicht aufs Spiel zu setzen, die sie seit dem verabscheuungswürdigen Pelzhandel verbindet (sogar angesichts angemessener Verbote durch die Gouverneure dieses Königreichs, die immer wieder angeordnet hatten, dass kein Indianer, Halbblut oder spanischer Siedler das Land der Ungläubigen betreten darf, ohne zuvor von seiner Lordschaft die Erlaubnis dafür erhalten zu haben) – dafür die folgenden Worte: „Der Pater sagt, dass die

Apachen, Navajos und Komanchen, die nicht getauft sind, nicht in den Himmel kommen. Sie fahren zur Hölle, wo Gott sie bestraft, und sie für immer brennen wie Holz im Feuer.“ Und so waren die Sabuaganas überglücklich, als sie hörten, dass sie selbst ausgenommen waren von dem unvermeidlichen Schicksal getauft zu werden oder für immer verloren zu sein – und ihre Feinde nicht. Der Übersetzer wurde gemaßregelt und änderte sein Verhalten, als sein dümmlicher, mickriger Glaube zur Schau gestellt wurde.

Wir könnten andere Beispiele anführen, die wir etwa ausgerechnet von denen hörten, die bei götzendienerischen Praktiken anwesend waren, sie vielleicht guthießen oder sogar an ihnen teilnahmen, als sie bei den Yutas gewesen waren; doch die beiden genannten, bei denen wir selbst Zeuge waren, genügen. In unserer Gesellschaft hatten sie mitbekommen, dass wir diesen Götzendienst und abergläubische Rituale wiederholt angefochten und verdammt hatten. Da sie dabei trotzdem zugegen waren, sie ermöglichten und ihnen applaudierten – was werden sie nicht alles tun, wenn sie drei oder vier Monate bei den ungläubigen Yutas und Navajos leben, und niemand in ihrer Nähe ist, um sie zu korrigieren oder zu zügeln?

Abgesehen davon haben sie (einige von ihnen) uns auf dieser Reise genügend Gründe geliefert, folgendes anzunehmen: Wenn einige zu den Yutas gehen und bei ihnen bleiben, getrieben von der Gier nach Pelz, stellen andere dem Fleisch nach, das sie hier für ihre bestialische Befriedigung finden. Und so versündigen sie sich am Namen des Herrn und erschweren oder, um es treffender zu sagen, stellen sich der Verbreitung des Glaubens entgegen. Oh, mit wie viel Härte sollte man sich vergleichbarem Übel annehmen. Möge Gott sie in Seiner unendlichen Güte zu den angemessensten und praktischsten Mitteln inspirieren.

23. Oktober 1776. Am 23. unternahmen wir keinen Tagesmarsch. So legte sich bei jenen aus dieser Gegend die Aufregung, und die aus den angrenzenden Gebieten hatten die Gelegenheit, herüber zu kommen. Von den Samen wilder Pflanzen und anderem Essenszeug, das wir gekauft hatten, wurden wir ziemlich krank. Es schwächte uns, statt uns zu nähren. Wir brachten diese Leute einfach nicht dazu, uns etwas von dem Fleisch, das es hier gab, zu verkaufen, und so ließen wir ein Pferd schlachten und das Fleisch vorbereiten, um es mitzunehmen.

Heute war Pater Fray Francisco Atanasio sehr krank, er litt an starken Schmerzen im After, sodass er nicht einmal umhergehen konnte.

Den ganzen Tag lang kamen Indianer aus den benachbarten Lagern, die wir alle sehr freundlich behandelten und, so gut es ging, unterhielten. Diese nun schilderten uns deutlicher die Cosninas und Moquis und nannten sie auch bei diesen Namen. Sie sagten uns außerdem, auf welchem Weg wir zum Fluss gelangen würden (der von hier höchstens zwölf Meilen entfernt ist) und beschrieben uns die Furt. Wir erwarben etwa einen Scheffel Pinienkerne von ihnen und beschenkten sie mit mehr als einem halben Scheffel Wildpflanzensamen.

Sehr früh am nächsten Tag kamen sechsundzwanzig Indianer zu uns herüber; einige hatten wir schon am Nachmittag des gestrigen Tages gesehen, andere noch gar nicht. Wir verkündeten ihnen das Evangelium und klärten sie über die Sinnlosigkeit und Bosheit ihrer verderbten Sitten auf, die wir anprangerten: ganz besonders, mit welchem Aberglauben sie ihre Kranken zu heilen versuchten. Wir machten ihnen klar, dass sie nur bei dem einen und wahren Gott Hilfe suchten sollten, wenn sie in Not waren, denn nur Seine Herrlichkeit allein hat die Macht über Gesundheit und Siechtum, über Leben und Tod, und ist in der Lage, jedem beizustehen. Obwohl unser Übersetzer dies ihnen nicht ganz verständlich machen konnte, begriff es aber einer von ihnen – zweifelsohne hatte er seit Langem mit den Payuchi Yutas Handel getrieben – und erläuterte den anderen, was er hörte. Als wir sahen, dass sie mit Vergnügen lauschten, schlugen wir ihnen vor, dass sie Christen werden könnten, wenn sie wollten: Pater und Spanier würden kommen, bei ihnen leben und sie unterweisen. Sie bejahten das. Wir fragten sie noch, wo wir sie bei unserer Rückkehr finden würden, und sie sagten, in dieser Sierra und auf den benachbarten Tafelbergen.

Um ihre Zuneigung zu uns noch zu vertiefen, verteilten wir schließlich noch drei Yards rotes Band unter ihnen, gaben jedem einen halben Yard, was sie sehr glücklich und dankbar machte. Einer von ihnen hatte zugestimmt, uns bis zum Fluss zu begleiten und uns die Furt zu zeigen. Doch als er uns für eine halbe Meile begleitet hatte, und alle anderen verschwunden waren, bekam er so mit der Angst zu tun, dass wir ihn nicht überzeugen konnten, weiter mitzukommen. Unsere gedankenlosen Weggefährten wollten, dass wir ihn zwangen, sein Wort zu halten, aber wir verstanden seinen Unwillen und ließen ihn laufen.

24. Oktober 1776. Am 24. brachen wir morgens so gegen neun oder etwas später von San Juan Capistrano auf, durchquerten ein schmales Tal in süd-südöstlicher Richtung und wandten uns dort nach vier Meilen Fußmarsch nach Südosten. Hier, am Fuß der östlichen Tafelberge des Tals, gibt es drei Rinnsale mit frischem Wasser, aber es reichte nicht für alle Pferde. Seit unserem Aufbruch war der Weg einfach gewesen, wir gingen zwei Meilen weiter, aber als wir dann nach Ost-Südost abbogen, hatten wir drei Meilen sandiges und schwieriges Terrain vor uns. Die Pferde waren inzwischen sehr müde, es war schon dunkel, und obwohl wir kein Wasser für sie fanden, hielten wir an, um sie auf einer Weide grasen zu lassen. Wir nannten den Ort San Bartolomé. Das Land erstreckt sich weit ins Tal, taugt aber nichts: Wo der Boden nicht aus Sand ist, reicht das Geröll drei Zoll tief und danach kommt lockere Erde in verschiedenen Farbschattierungen. Es gibt viele Ablagerungen von transparentem Gips, hier und da Glimmer, und offenbar auch einiges an Eisenerz. Neun Meilen heute.

Durch dieses Gebiet fließt der Colorado, aus nord-nordöstlicher Richtung nach Süd-Südwesten, sehr tief unten in einem Canyon. Deshalb ist der Fluss unbedeutend dafür, das Land in der Nähe zu bewirtschaften, selbst, wenn es gut wäre. Am Nachmittag sahen wir im steilen Canyon des Flusses, der eine Sackgasse war, Ufer und Felsen. Schaut man sie westwärts entlang, sehen sie wie länglich aufgereihte Formationen aus. Aber dann wurde uns klar, dass es sich um die Schlucht eines der Flussläufe aus der Ebene handeln musste.

25. Oktober 1776. Am 25. verließen wir San Bartolomé in östlich-südöstlicher Richtung und gingen anderthalb Meilen nach Osten; es lag uns nicht daran, in die Nähe des Canyons des Rio Grande zu kommen, denn wir überquerten einige Flussbetten mit ähnlich tiefen Canyons, woraus wir schlossen, dass der Fluss wohl durch einen anderen verlief; das ist auch der Grund, warum wir nun auf die nord-nordöstliche Seite des Tals zuwanderten, wo wir die Tafelberge zu umgehen hofften, die es umschlossen. In der Hoffnung, Wasser für die Pferde zu finden, die vor Durst schon nicht mehr konnten, schwenkten wir in die Schlucht eines Flussbetts. Nach zwei Meilen in nordöstlicher Richtung kamen wir nicht mehr weiter. Wir gelangten aus dem Canyon, indem wir einen üblen Abhang zur westlichen Seite hinaufkletterten. Von hier wandten wir uns nach Nord-Nordosten, und nach zwei Meilen erblickten wir Pappeln am Fuß des Tafelbergs. Wir beschleunigten unsere Schritte und fanden eine klare Quelle. Der Boden ringsum war mit so etwas wie Salpeter bedeckt; wir vermuteten, dass Wasser wäre salzig, doch als wir es probierten, schmeckte es gut. Wir rasteten hier und nannten den Ort San Fructo (Soap Creek Canyon). Fünf Meilen heute.

Am Nachmittag machte sich Don Juan Pedro Cisneros auf den Weg, die nördliche Ecke des Tals zu erforschen. Er wollte herausfinden, ob es dort weiter ging, und er nicht zumindest einen Blick auf den Fluss und seine Furt erhaschen konnte. Es war nach Mitternacht, als er zurückkam – mit der guten Nachricht, dass er bis zum Fluss gelangt war. Er sagte aber auch, dass er sich nicht sicher war, ob wir es über die Tafelberge und steilen Gebirgskämme am anderen Ufer schaffen würden. Weil er aber überzeugt war, dass der Fluss keine große Hürde darstellen würde, und es ja auch eine Furt gab, entschlossen wir uns, in diese Richtung zu gehen.

26. Oktober 1776. Am 26. machten wir uns von San Fructo aus nach Norden auf und kamen nach dreieinhalb Meilen zu dem Ort, von dem er zuvor angenommen hatte, dass sich hier der nördliche Ausgang des Tals befände. Es stellte sich heraus, dass es sich um eine Ecke handelte, die komplett umgeben war von hoch aufragenden Steilhängen und Gebirgszügen aus roter Erde. Sie bestanden aus unterschiedlichen Formationen und das Flussbett war ebenso gefärbt, was eine gefällig durcheinander gewürfelte Szenerie abgab.

Wir setzten unseren Weg in dieselbe Richtung fort, hatten aber größte Probleme, denn die Pferde sanken bis zu den Knien in den Matsch ein, wenn das Geröll unter ihnen nachgab; dann, nach weiteren anderthalb Meilen, erreichten wir den Rio Grande de los Cosninas (Colorado). Er hat einen kleineren Zufluss, den wir Santa Teresa (Paria River) nannten. Wir durchwateten ihn und rasteten am Ufer des größeren, in der Nähe eines hohen Kliffs aus grauem (gelbbraunem?) Fels. Diesen Platz nannten wir San Benito de Salsipuedes (am Colorado). Das gesamte Gebiet von San Fructo bis hierher ist sehr mühselig und vollkommen unpassierbar, wenn der Boden nach Regen oder Schneefall feucht ist. Fünf Meilen nach Norden heute.

Diesen Nachmittag beschlossen wir herauszufinden, ob wir unseren Weg nach Südosten oder Osten würden fortsetzen können, wenn wir den Fluss erst überquert hatten. Tafelberge und viel zu hohe Gebirgskämme umgaben uns von allen Seiten. Um Gewissheit zu erlangen, stiegen zwei Männer, die gut schwimmen konnten, nackt in den Fluss – mit der Kleidung auf ihren Köpfen. Der Fluss war so tief und weit, dass die beiden Schwimmer, trotz ihrer Tapferkeit, nur gerade so die andere Seite erreichten. In der Mitte des Stromes hatten sie da schon ihre Kleidung verloren, die sie nie wieder sahen. Sie waren vollends erschöpft, nackt und barfuß, und deshalb nicht in der Lage, weiterzulaufen und für uns den Weg wie geplant auszukundschaften. Nachdem sie wieder zu Atem gekommen waren und sich erholt hatten, kamen sie zurück.

27. Oktober 1776. Am 27. wanderte Don Juan Pedro Cisneros durch den Canyon des Santa Teresa, um einen Durchgang zu finden. Er hatte die Hoffnung, dass wir von dort über den östlichen Tafelberg gelangen und zum Rio Grande durch offeneres Gelände zurückkehren konnten, wo wir den Fluss dann an einer weiten Stelle durchwaten würden, oder wo zumindest die Herde der Pferde hinüber käme, ohne wie hier Gefahr zu laufen, unter den Wassermassen begraben zu werden. Er war den ganzen Tag und die halbe Nacht unterwegs und stieß doch auf keinen Durchbruch. Er sah nur eine Steigung, ganz in der Nähe, von wo aus wir es vielleicht über den Tafelberg geschafft hätten, aber der Anstieg erschien ihm zu schwierig. Auch andere Gefährten suchten das Gelände in unterschiedlichen Himmelsrichtungen ab. Doch nichts als Hindernisse lagen auf unserem Weg zur Furt, sodass wir fürchteten, die gleiche Strecke zurückgehen zu müssen.

28. Oktober 1776. Am 28. wiederholten wir unsere Versuche, aber vergeblich. Ein Holzfloß wurde auf die Schnelle zusammengezimmert, und Pater Fray Silvestre versuchte, gemeinsam mit den Dienern, den Fluss damit zu überqueren; sie steuerten es mit Pfählen voran, die immerhin fünf Yards lang waren. Trotzdem kamen sie damit bald nicht mehr auf den Grund, und die vom ablandigen Wind am anderen Ufer aufgeworfenen Wellen ließen sie nicht weiter vorankommen. Dreimal kam das Floß zum Ufer zurück, ohne überhaupt die Flussmitte erreicht zu haben. Und abgesehen davon, dass der Strom tief und breit war, gab es Treibsand an beiden Ufern, tückisch genug, dass wir alle oder zumindest einen Großteil der Pferde hätten verlieren können.

Die Indianer vom Stamm der Yubuincariri und Pagampachi hatten uns versichert, dass der gesamte Fluss bis auf die Stelle an der Furt sehr tief war: Als sie hinüberwateten, reichten ihnen die Fluten bis zur Taille und noch höher. Deshalb und aufgrund anderer Hinweise, die sie uns gegeben hatten, vermuteten wir, dass die Furt weiter flussaufwärts war. Wir sandten Andrés Muñiz und seinen Bruder Lucrecio voraus, damit sie einen Weg ausfindig machten, auf dem wir den zuvor genannten Tafelberg überqueren können würden. Und sobald sie beim Fluss anlangten, sollten sie nach einer guten Stelle zum Durchschreiten Ausschau halten. Zumindest aber nach einem Abschnitt, wo wir selbst mit dem Floß die Passage machen konnten und die Pferde hinüber gelangten, ohne Schaden zu nehmen.

29. Oktober 1776. Am 29. wachten wir auf in dem Bewusstsein, dass wir nicht wussten, wie wir von hier fortkommen sollten. Wir hatten das Fleisch des getöteten Pferdes, die Pinienkerne und andere Dinge, die wir gekauft hatten, restlos vertilgt. Also ließen wir ein zweites Pferd schlachten.

30. – 31. Oktober 1776. Am 30. und 31. blieb uns nichts anderes übrig, als auf unsere Späher zu warten.

1. November 1776. Am 1. November, es war bereits ein Uhr nachmittags, kamen sie zurück. Sie berichteten, dass sie einen Weg durch die Felsen entdeckt hatten, der allerdings schwierig zu gehen war, und eine Furt im Fluss. […]

2. November 1776. Am 2. brachen wir am Fluss Santa Teresa auf und erklommen in östlicher Richtung den Anstieg, den wir Las Animas nannten, und der etwa eine halbe Meile lang war. Wir brauchten mehr als drei Stunden in östliche Richtung hinauf, denn gleich zu Beginn bekamen wir es mit einer sehr abschüssigen Sanddüne zu tun. Es folgten extrem komplizierte Abschnitte und höchst gefährliche Felsvorsprünge und ganz am Ende ein unwegsames Stück. Als wir es mit äußerster Mühe nach oben geschafft hatten, stiegen wir auf der anderen Seite durch von Felsen gesäumte Schluchten hinab, jetzt in nördlicher Richtung. Nach einer Meile wandten wir uns wieder nach Osten für eine halbe Meile und kamen dabei durch ein ausgedehntes Gebiet mit rotem Sand, das die Pferde nur mit großer Anstrengung bewältigten. Nach einer kleinen Erhebung stiegen wir in nordöstlicher Richtung für zweieinhalb Meilen ab in ein Flussbett, das nur hier und da Wasser führte. Es war trinkbar, obwohl es sich um Brackwasser handelte. Es gab auch ein wenig Weideland, und so rasteten wir an diesem Ort, dem wir den Namen San Diego gaben. Heute viereinhalb Meilen.

Wir befanden uns drei Meilen nördöstlich in direkter Linie von San Benito de Salsipuedes. In unmittelbarer Nähe befanden sich etliche Böschungen aus Erde, kleine Tafelberge und Gipfel aus roter Erde, die auf den ersten Blick wie die Ruinen einer Festung aussehen (Castle Rock).

3. November 1776. Am 3. machten wir uns auf den Weg nach San Diego, gingen nach Ost-Südost, und kamen nach zwei Meilen ein zweites Mal zum Fluss. Wir befanden uns am Rand des Canyons (Navajo Creek Canyon), der hier zur Sackgasse wird. Der Abstieg zum Fluss ist sehr lang, steil, holperig und abschüssig. Die felsigen Dämme waren so schrecklich, dass zwei Packtiere, die den ersten hinabkletterten, es nicht zurückschafften, nicht einmal ohne ihre Last.

Diejenigen, die früher schon mal hier gewesen waren, hatten uns nichts von diesem Gefälle gesagt. Hier begriffen wir, dass auch sie weder die Furt gefunden noch das nicht eben große Terrain hinreichend erforscht hatten. Sie hatten die Tage damit vergeudet, nach den Indianern Ausschau zu halten, die hier leben, und nichts erreicht.

Der Fluss war ziemlich tief, und wenn auch nicht ganz so wie in Salsipuedes, so mussten die Pferde doch weit schwimmen. Die gute Nachricht ist, dass es hier keinen Treibsand gab, weder am einen noch an dem anderen Ufer. Unsere Weggefährten beharrten darauf, dass wir zum Fluss hinabsteigen sollten. Doch es ging auf der anderen Seite nicht weiter, statt eines Pfades sahen wir nur den tiefen, engen Canyon eines kleinen Zuflusses. Und da wir nicht wussten, ob dieser passiert werden konnte oder nicht, fürchteten wir, uns genötigt zu sehen (wenn wir runter gingen und den Fluss überquerten), den Rückweg antreten zu müssen. Und an diesem Steilhang wäre das außerordentlich schwierig.

Um nichts unnötig zu riskieren, rasteten wir oberhalb und schickten den Genizaro-Indianer Juan Domingo hinab, um den Fluss zu queren und herauszufinden, ob besagter Canyon einen Ausgang hatte. Würde er keinen Erfolg haben, sollte er am Nachmittag zurückkehren, damit wir unseren Weg flussaufwärts auf dieser Seite fortsetzen konnten, bis wir die Furt und den Pfad der Indianer gefunden hatten.

Nachdem wir ihn zu Fuß losgeschickt hatten, schlug Lucrecio Muñiz vor, er könnte auf einem ungesattelten Pferd ebenfalls hinabsteigen, wenn wir ihn denn ließen. Er würde alles mitnehmen, was er zum Feuermachen bräuchte, um Rauchsignale nach oben zu senden – für den Fall, er entdecke einen Ausgang. Zugleich wüssten wir dann, wo wir ihn fänden, könnten dann versuchen nachzukommen und Zeit wieder gut machen. Wir waren einverstanden, mahnten aber, er solle am Nachmittag wieder da sein, ob er nun einen

Weg gefunden hatte oder nicht. Beide kamen nicht zurück. Und so verbrachten wir die Nacht hier, ohne – so nah am Fluss – die Pferde tränken zu können. Wir nannten diesen Platz El Vado de los Chamas oder San Carlos. Heute zwei Meilen nach Ost-Südost.

4. November 1776. Am 4. brach der Tag an, ohne dass wir etwas von den beiden Männern gehört hatten, die wir gestern zu der erwähnten Erkundung ausgesandt hatten. […] Es wurde schon fast wieder Nacht, als der Genizaro Juan Domingo zurückkam. Er behauptete, dass er keinen Weg hinaus gefunden hatte, und dass der andere sein Pferd auf halber Strecke im Canyon stehen gelassen hatte, um einer frischen Indianerspur zu folgen. Und so beschlossen wir, unseren Weg flussaufwärts fortzusetzen, bis wir eine gute Furt gefunden hätten und passierbares Terrain auf beiden Seiten.

5. November 1776. Am 5. verließen wir San Carlos, auch wenn Lucrecio nicht zurückgekommen war. Sein Bruder Andrés sollte noch bis zum Abend auf ihn warten und uns dann in der Nacht einholen. Wir gingen auf der westlichen Seite weiter, und über viele Felsgrate und Wasserrinnen anderthalb Meilen nach Norden. Dann stiegen wir ab in ein ausgetrocknetes Flussbett, das zwischen den hohen Wänden eines Canyons verlief, in dem es eine Menge Kupfersulfat gab. In der Schlucht fanden wir einen wenig benutzten Pfad; wir folgten ihm und kamen so aus dem Canyon heraus. Dabei gingen wir über einen kurzen Vorsprung aus weichem (weißem?) Stein. Das war schwierig, aber wir kamen voran. […]

Heute Nacht regnete es heftig, und an einigen Orten schneite es. Es goss bei Tagesanbruch und hörte einige Stunden nicht auf. Gegen sechs Uhr früh kam Andrés Muñiz. Er sagte, sein Bruder sei nicht aufgetaucht. […]

6. November 1776. Am 6. gingen wir von Santa Francisca, wie wir den Ort genannt hatten, in nordöstliche Richtung los, nachdem es aufgehört hatte zu regnen. Nach drei Meilen brach ein starker Gewittersturm mit

Schnee, Regen, dicken Hagelkörnern und horrenden Donnern und Blitzen über uns herein, und wir mussten unseren Marsch für Stunden unterbrechen. Wir rezitierten die Litanei der Jungfrau Maria, auf dass sie für uns um Gnade flehen möge, und Gott ließ den Sturm enden. Wir setzten unsere Route noch eine halbe Meile nach Osten fort und errichteten unser Lager am Fluss, denn es regnete immer noch und einige felsige Klippen versperrten uns den Weg. Wir nannten diese Stelle San Vicente Ferrer. Heute dreieinhalb Meilen.

Don Juan Pedro Cisneros ging los um zu sehen, ob die Furt sich womöglich in der Nähe befand. Bei seiner Rückkehr berichtete er, dass der Fluss hier sehr, sehr breit war, aber angesichts seiner Strömung nicht tief. Allerdings könnten wir nur durch einen nahe gelegenen Canyon zum Ufer gelangen. Wir sandten zwei andere aus, die Schlucht zu inspizieren und den Fluss zu durchwaten; als sie wieder da waren, sagten sie, dass es überall schwierig sei. Wir glaubten ihnen nicht so recht und entschlossen uns, am nächsten Tag selbst nachzusehen, zusammen mit Don Juan Pedro Cisneros. Bevor es Nacht wurde, kam der Genizaro ins Lager, zusammen mit besagtem Lucrecio.

7. November 1776. Am 7. brachen wir sehr früh auf, um den Canyon (Glen Canyon) zu erforschen und die Furt. Mit uns kamen die beiden Genizaros Felipe und Juan Domingo. Da sie gute Schwimmer waren, würden sie die Furt vielleicht zu Fuß durchqueren können. Um die Reittiere in den erwähnten Canyon führen zu lassen, war es nötig, mit Äxten Stufen in die Felsen zu schlagen, etwa drei Yards breit. Den Rest schafften die Pferde auch so, allerdings ohne Gepäck oder Reiter.

Wir gelangten in den Canyon und nach einer Meile auch zum Fluss (Colorado). Diesem folgten wir stromabwärts, auf einer Länge von zwei Musketenschüssen, mal durchs Wasser, mal übers Ufer. Schließlich kamen wir zu einem Abschnitt, wo die Strömung am breitesten war und sich offenbar die Furt befand.

Ein Mann watete hinein und kam gut zurecht; er musste nicht einmal schwimmen. Wir folgten ihm zu Pferde und stiegen etwas weiter unten in den Fluss. Auf halbem Weg bekamen zwei Tiere, die vorausgingen, keinen Boden unter die Füße und schwammen ein kleines Stück. Wir hielten inne, obwohl das nicht ungefährlich war, bis der erste, der zu Fuß ans andere Ufer gelangt war, uns holen kam. Erfolgreich kamen wir alle hinüber, ohne dass unsere Pferde auch nur einmal schwimmen mussten.

Wir benachrichtigten den Rest der Gefährten, die in San Vicente zurückgeblieben waren, uns mit Lassos und Seilen unsere Ausrüstung, die Sättel und andere Sachen an einem nicht allzu hohen Felsen an der Biegung der Furt herabzulassen. Ihre Pferde sollten sie auf dem Weg mitbringen, den wir genommen hatten. Sie machten es genauso und gegen fünf am Nachmittag waren alle am anderen Ufer. Wir priesen Gott, den Herrn, und feuerten einige Schüsse mit den Musketen ab – als Zeichen der großen Freude, die wir alle darüber empfanden, ein so gewaltiges Problem gemeistert zu haben, das uns so viele Mühen und Verzögerungen bereitet hatte. Auch wenn die Hauptursache für unsere Leidensgeschichte darin begründet lag, dass wir seit unserer Ankunft im Land der Parussis niemanden hatten, der uns durch so schwieriges Terrain führte. In Ermangelung eines Experten an unserer Seite machten wir viele Umwege, verschwendeten Zeit damit, uns zu viele Tage in einem sehr kleinen Gebiet aufzuhalten und litten Hunger und Durst. […]

Aber Gott hatte zweifelsohne verfügt, dass wir keinen Führer erhalten sollten. Entweder als barmherzige Geißelung für unsere Fehler, oder damit wir ein paar Kenntnisse gewannen über die Menschen, die hier leben. Möge Sein heiligster Wille in allem geschehen, und möge Sein heiliger Name gepriesen sein.

Die Furt des Flusses ist bestens. An dieser Stelle muss sie etwas mehr als eine Meile breit sein. Hier fließen die Flüsse Navajo und Dolores (als Colorado) schon gemeinsam, zusammen mit den anderen, die in sie münden, wie wir es in diesem Tagebuch beschrieben haben. Nach allem, was wir hier gesehen haben, können an ihren Ufern keine Siedlungen errichtet werden. Auch einen Tagesmarsch flussauf- und abwärts auf jeder Seite nutzt das Wasser weder Menschen noch Pferden, denn abgesehen davon, dass das Gelände schwer zugänglich ist, fließt der Fluss auch noch durch eine sehr tiefe Schlucht. Alles andere in der Nähe der Furt besteht aus sehr hohen Klippen und Felshängen. Acht oder zehn Meilen nordöstlich davon erhebt sich ein runder Berg, hoch, dabei aber schmal, den die Payuchis – deren Gebiet hier beginnt – Tucane nennen, was „Schwarzer Berg“ (Navajo Mountain) bedeutet. Es ist der einzige weit und breit. Der Fluss verläuft geradewegs unterhalb.

Auf dieser östlichen Seite der Furt, die wir „Unbefleckte Empfängnis der Heiligsten Jungfrau“ nannten, gibt es eine kleine Biegung mit gutem Weidegrund. Wir verbrachten die Nacht dort und orteten seinen Breitengrad mit Hilfe des Polarsterns: er ist 36°55'. […]

8. November 1776. Am 8. ließen wir die Furt und unseren Rastplatz „Unbefleckte Empfängnis der Heiligsten Jungfrau“ hinter uns und erklommen den Sackgassen-Canyon des Flusses über einen nicht allzu schmalen Felsen. In süd-südöstlicher Richtung folgten wir einem häufig begangenen Pfad und reisten fünf Meilen über sandiges Gebiet mit einigen Wasserrinnen. Für eine Meile wandten wir uns nach Osten und rasteten dann an einem großen Felsen – der letzte in einer ganzen Reihe, die sich vom Fluss bis hierher erstreckte. Wir nannten den Platz San Miguel, er bot gutes Weideland und jede Menge Regenwasser. Heute sechs Meilen.

An diesem Tag fanden wir viele Fußabdrücke von Indianern, aber sahen nicht einen von ihnen. Eine wilde Schafrasse gibt es in dieser Gegend in einer solchen

Fülle, dass ihre Spuren sich wie die von großen Herden gezähmter Schafe ausnehmen. Sie sind größer als die domestizierten, haben den gleichen Körperbau und sind dabei geschwinder. Heute aßen wir das Pferdefleisch auf, das wir noch bei uns hatten, und ließen deshalb ein weiteres Tier töten. In der Nacht froren wir sehr, viel mehr als auf der anderen Seite des Flusses.
9. November 1776. Am 9. verloren wir den Pfad. Wir fanden weder einen Weg, der uns in einen südöstlich von uns gelegenen, nahen Canyon hinunter führen würde, noch eine Möglichkeit, ein Gebiet von der Länge einer halben Meile zu durchqueren, wo endlos viele Felsen und Höhenrücken uns davon abhielten, auf unserer geplanten Route zu bleiben. Deshalb wandten wir uns nach Ost-Nordost, doch nachdem wir zwei Meilen durch raues Gelände vorangekommen waren, zwangen uns dieselben Hindernisse, auf einem Tafelberg innezuhalten. Wir kamen nicht einen Schritt weiter. [...]
11. November 1776. Am 11., in aller Frühe, fanden wir den verlorenen Pfad und setzten unseren Weg fort. Beim Abstieg in den Canyon (Navajo Canyon) hatten wir kaum Probleme. Denn die gefährlichen, schroffen Abschnitte unterwegs haben die Indianer mit losen Steinen und Stöcken gesichert, und im letzten haben sie daraus eine Art Treppe gebaut. Sie ist mehr als drei Yards lang und zwei breit. Zwei Flüsschen treffen hier aufeinander, die sich in den großen nahe El Paraje de San Carlos ergießen. Wir kletterten an der gegenüberliegenden Seite einen steilen und zerklüfteten Kamm hinauf, der zwischen den beiden Bächen liegt. Dabei nahmen wir viele Kurven und kamen vorbei an gefährlichen Felsbänken, die wir nur mittels Stemmeisen bewältigen konnten. Gegen Mittag hatten wir den Aufstieg hinter uns. Zusammen mit dem Abstieg waren wir zwei Meilen nach Ost-Südost gegangen.

Nordöstlich des Pfades befinden sich zwei kleine Kuppen. Von der kleineren aus schwenkten wir nach

Südosten, und nachdem wir drei Meilen durch leichtes Gelände gegangen waren, schlugen wir unser Lager auf. Zwar gab es kein Wasser, aber gutes Weideland für die Pferde und genügend Feuerholz, um die stramme Kälte abzuwehren, der wir ausgesetzt waren. Diesen Ort nannten wir San Proto. Fünf Meilen heute.

12. November 1776. Am 12. setzten wir unsere Reise in süd-südöstlicher Richtung fort. Nun hatten wir für drei Meilen freie Bahn in offenem und gut zu begehendem Terrain. Am Wegesrand entdeckten wir eine kleine Quelle mit klarem Wasser, wo alle Männer und die Pferde ihren Durst stillten, als wir die Eisschicht durchstoßen hatten. Überreste lassen darauf schließen, dass die Cosninas an diesem Ort rasten, wenn sie auf dem Weg zu den Payuchis sind. Wir gingen in südliche Richtung weiter, froren dabei bitterlich, und nachdem wir vier Meilen durch sehr gutes Gelände vorangekommen waren, verließen wir den direkten Weg nach Moqui, wie es die Payuchis beschrieben hatten. So folgten wir dem, den die Cosninas häufiger nutzten, nach Süd-Südwest; nach einer weiteren Meile stießen wir auf einige kleine Behausungen oder verlassene Lager. Spuren deuteten darauf hin, dass viele Rinder- und Pferdeherden in dieser Gegend für einige Zeit geweidet hatten. Wir behielten unsere Route für anderthalb Meilen in südwestlicher Richtung bei, bis die Nacht sich über uns senkte. Wir errichteten unser Lager, ohne Wasser zu haben, und nannten den Ort San Jacinto. Heute neuneinhalb Meilen. […]

13. November 1776. […] Am 13. machten wir uns von San Jacinto auf nach Süd-Südwesten. Inzwischen waren wir alle vollkommen ausgehungert, denn wir hatten nichts gegessen außer einem Stück gerösteter Haut in der Nacht zuvor. Zwar fingen wir ein Stachelschwein, aber weil wir es unter so vielen aufteilen mussten, regte es eher noch den Appetit an. Daher ordneten wir an, dass ein weiteres Pferd sein Leben lassen musste. Wir hatten es bislang nicht getan, weil wir erwartet hatten, uns in einem Lager der Cosninas versorgen zu können, aber nicht mal eine frische Spur davon hatten wir gesehen. Sechs Meilen heute.

14. November 1776. Am 14. verließen wir El Espín, wie wir den Ort genannt hatten, und gingen in süd-südöstliche Richtung davon. Nach nicht einmal einer Meile stießen wir auf unserem Weg auf ein großes Wasserloch mit Trinkwasser, wo die gesamte Pferdeherde trank, bis sie nicht mehr konnte. Wir folgten dem Weg in südöstlicher Richtung, und nach einer Dreiviertelmeile kamen wir in einen Canyon (Pasture Canyon), in dem vier Quellen mit frischem Wasser entspringen. Wir gingen etwa eine halbe Meile weiter und gelangten zu einer kleinen Farm und einem Lager der Cosninas, alles hübsch und ordentlich anzuschauen. Das Farmland wird durch die vier erwähnten Quellen bewässert sowie durch zwei andere direkt daneben, die eifrig sprudeln. Hier pflanzten die Cosninas dieses Jahr Mais, Kürbis, Wasser- und Warzenmelone an. Als wir sie erreichten, hatten sie ihre Ernte eingebracht und den Resten nach zu urteilen, die wir noch sahen, war es eine üppige gewesen, ganz besonders bei den Bohnen. Denn wenn wir hier gerastet hätten, hätten wir einen halben Scheffel davon auflesen können. Das Farmland ist umgeben von Pfirsichbäumen.

Neben den verschiedenen Hütten aus Zweigen gab es ein sorgsam gefertigtes kleines Haus aus Stein und Lehm. Im Innern lagen Körbe, Gefäße und andere Utensilien dieser Indianer. Die Spuren deuteten darauf hin, dass sie vor ein paar Tagen fort gegangen waren; vielleicht, um in der nahen Hochebene, in süd-südwestlicher Richtung, nach Pinienkernen zu suchen. Trampelpfade führten in verschiedene Richtungen aus dem Lager hinaus, und wir wussten nicht, welchen wir nehmen sollten, um nach Moqui zu kommen. […]

15. November 1776. […] Am 15. hatten wir absolut nichts mehr fürs Abendessen, denn das verfügbare Pferdefleisch reichte nicht für alle. In der Gegend grasten große Rinderherden, und all unsere Weggefährten wollten eine Kuh schlachten oder eine Färse. Ungeduldig bestanden sie immer wieder darauf, dass wir ihnen gestatten sollten, unsere Not, an der wir alle litten, auf diese Weise zu lindern.

Doch uns war klar, dass wir uns schon ganz in der Nähe des Dorfes von Oraibi befanden: Eine solche Tat würde für einige Probleme zwischen uns und dem Volk der Moqui sorgen und unsere Absicht vereiteln – nämlich uns aufs Neue im Namen des Lichts und der Demut des Evangeliums ihrer mutwilligen Blindheit und unverbesserlichen Sturheit entgegenzustemmen. Wir ließen ein weiteres Pferd töten. Und ordneten an, dass niemand den Herden zu nahe kommen sollte, selbst wenn, wie sie uns versicherten, es sich um Ausreißer handelte oder öffentliches Eigentum.

16. November 1776. Am 16. brachen wir in Richtung Ost-Südost auf, gingen drei Meilen und wendeten uns in der Nähe eines hohen Tafelberges für eine Viertelmeile nach Ost-Nordost. Hier kamen wir zu einem Pfad, der offenbar häufig benutzt wurde, und schlossen daraus, dass er zu einem Dorf der Moqui führte. Wir folgten ihm. Nach drei Meilen in nordöstlicher Richtung durch gutes und insgesamt flaches Land, und etwas weniger als zwei nach Norden, erreichten wir den Tafelberg des Dorfes von Oraibi. Wir befahlen den anderen, an seinem Fuß anzuhalten. Denn es sollte niemand außer denen, die mit uns hinauf gingen, sich dem Dorf nähern, bevor wir es gestattet hatten.

Wir erklommen den Berg ohne Zwischenfall. Als wir das Dorf schließlich betraten, umringten uns viele Indianer, große und kleine. In einer Sprache, die sie nicht kannten, fragten wir beharrlich nach dem Häuptling, der für ihre Riten zuständig ist, und nach den Kriegsführern. Als wir versuchten, zum Haus des Häuptlings hinüber zu gehen, hielten sie uns auf, und einer verlangte von uns in Navajo, das Dorf zu verlassen. Don Juan Pedro Cisneros fragte ihn daraufhin energisch in derselben Sprache, ob sie unsere Freunde seien oder nicht. Daraufhin legte sich die Aufregung, und ein sehr alter Mann führte uns zu seinem Heim und quartierte uns ein: Er bot uns ein Zimmer für die Nacht an und ihre üblichen Nahrungsmittel. Heute sieben Meilen.

In dieser Nacht kamen der Häuptling und zwei sehr alte Männer zu uns. Nachdem sie uns versichert hatten, unsere Freunde zu sein, boten sie uns an, uns alles an Verpflegung zu verkaufen, was wir bräuchten. Wir teilten ihnen mit, dass wir darüber sehr erfreut waren.

John Wesley Powell
Im Boot durch den Grand Canyon

13. August 1869. Wir sind bereit für den Weg in das große Unbekannte. Unsere Boote sind sicher belegt. Ihre Süllränder schaben und reiben sich aneinander, während sie von den Wellen und der Strömung eines gereizten Flusses auf und ab und hin und her gehoben und geschoben werden. Sie liegen hoch, ihre Ladung ist leichter, als wir sie uns wünschen können. Unsere Rationen reichen nur noch für einen Monat. Das Mehl ist einmal mehr durch unser Moskitonetz-Sieb passiert worden, der verdorbene Schinken ist getrocknet und der am schlimmsten betroffene ist gekocht worden. Die wenigen Pfund gedörrter Äpfel sind, nachdem wir sie nach der Kenterung in die Sonne gelegt hatten, wieder auf das ursprüngliche Format geschrumpft. Der Zucker ist uns komplett weggeschmolzen und süßt jetzt den Green und den Colorado River. Aber wir besitzen noch einen großen Sack mit Kaffee. Das unfreiwillige Leichtern der Boote hat seine Vorzüge: Sie liegen höher im Wasser, werden sich besser in den Wellen verhalten, und wenn wir eine Portage [Transport von Booten über Land] bewältigen müssen, wird unsere Last viel geringer sein als am Anfang unserer Reise.

Wir sind etwa tausendzweihundertfünfzig Meter weit in „Richtung des Erdinneren" vorgestoßen. Der Fluss wird bedeutungslos im Vergleich zu den Wänden und Gesteinsmassen, die sich bis hinauf auf die ferne Welt über uns türmen. Die Wellen sehen von oben betrachtet wie geriffelt aus und wir selbst wie Pygmäen, die über die Sandbänke laufen oder zwischen mächtigen Felsen verschwinden.

Vor uns liegt eine unbekannte Distanz, die wir auf einem unbekannten Strom zurücklegen müssen. Ob und auf welche Art von Wasserfällen wir treffen werden, das wissen wir nicht; ebenso wenig ist uns bekannt, wo und welche Felsen in der Fahrrinne liegen. Wir wissen auch nicht, wie hoch sich die Wände über dem Fluss erheben werden. Wie es auch kommen mag, wir können uns mit nichts weiter als mit Mutmaßungen behelfen. Die Männer sind wie immer bester Stimmung, Scherze fliegen an diesem Morgen hin und her; doch mein Gemüt ist bedrückt, und die Scherze sind für mich nichts weiter als eine makabre Art von Galgenhumor. [...]

In etwas mehr als einer halben Stunde legen wir circa zehn Kilometer zurück. Wir befinden uns jetzt in einem offeneren Teil des Canyons mit Hügeln und Stufen zwischen dem Fluss und den etwas weiter entfernten Steilwänden. Direkt davor stellt sich dem Fluss ein Riegel aus eruptivem Gestein entgegen. Aus einem Riss in dem stehenden Fels ist in grauen Vorzeiten Lava aus dem Erdinneren gequollen. Dieses Gestein ist nach seiner Abkühlung härter als das der Umgebung. Während der Colorado seinen Weg durch die ursprünglich existierenden Formationen grub, blieb die harte Lava als Sperrriegel bestehen.

Der Fluss hat trotzdem im Laufe der Zeit eine Öffnung von zweihundert Meter Höhe und Breite hindurchgefräst. Es ist eine Stufe erhalten geblieben und danach ein recht bösartiger Katarakt, gefüllt mit Felstrümmern wie der mit Fangzähnen durchsetzte Rachen eines Raubtieres. Wir überwinden das Hindernis mittels einer Portage.

Danach treiben wir vorbei an Hügeln und Terrassen, während uns die entfernten Canyonwände begleiten. Wir umrunden scharfe Felskanten, halten an einigen Stellen zur Inspektion von Stromschnellen, die wir allerdings befahren können. Wir kommen etwa acht Kilometer weiter, bevor wir Mittagsrast halten.

Danach überwinden wir eine lange Stromschnelle durch Treideln [Ziehen der Boote] und nehmen die Fahrt wieder auf. Währenddessen rücken die Wände wieder näher an den Fluss heran; wir befinden uns alsbald in einer engen Schlucht. Der sehr schnelle Fluss füllt sie voll aus. Vorsichtig, gespannt und aufmerksam fahren wir weiter. Wir legen an diesem Nachmittag etwa sechseinhalb Kilometer zurück und richten unser Lager in einer Höhle ein.

14. August 1869. Bei Tagesanbruch gehen wir über das Sandufer hinunter, um uns die neue Struktur des Canyons anzusehen und unsere Schlüsse zu ziehen. Zuvor hatte hartes Gestein dem Fluss und damit auch uns zu schaffen gemacht. Weiches Gestein bedeutet dagegen einen regelmäßigen Verlauf der Erosionskurve, was für uns eine glatte, kaum behinderte Fahrt bedeuten würde. Stattdessen werden wir mit der unangenehmen Tatsache konfrontiert, dass der Fluss sein Bett durch hartes, dichtes Urgestein, durch Granit und Gneis gegraben hat. Wir können zwar nicht weit in die Schlucht hineinsehen, doch das, was sich unseren Blicken darbietet, sieht bedrohlich genug aus.

Nach dem Frühstück beginnt der wilde Ritt auf den Wellen. Schon diese Ouvertüre deutet auf nicht einschätzbare Gefahren hin. Der Canyon ist enger als je zuvor, das Wasser ist schneller. […]

Je weiter wir flussabwärts vordringen, umso höher streben die Granitformationen zu beiden Seiten nach oben. Sie reichen schließlich bis auf fast dreihundert Meter hangaufwärts. Gegen elf Uhr hören wir vor uns ein durch Mark und Bein gehendes Grollen. Mit äußerster Vorsicht fahren wir – unter Rückwärtsrudern – näher heran. Der Lärm verstärkt sich zu einem akustischen Inferno, und schließlich befinden wir uns oberhalb eines langen, stufenförmigen Kataraktes. Granitschwellen und -sporne ragen weit in das Flussbett hinein. Der Colorado fällt auf etwas mehr als fünfhundert Meter um circa dreiundzwanzig Meter. Das Ergebnis sind schwere Brecher und schäumende, brodelnde, gefährliche Löcher hinter den Hindernissen unter Wasser. Wir können knapp oberhalb [der Sromschnellen] anlegen, doch finden wir weder auf der einen noch auf der anderen Seite einen gangbaren Weg, über den wir die Portage in Angriff nehmen könnten. Bis hinauf auf die Granitterrasse sind es knapp dreihundert Meter in der Senkrechten. Es gibt zwar eine breite Rinne, über die wir hinaufkommen könnten, und nach zwei oder drei Kilometern über die Oberkante der Stufe zeigt sich auch eine Chance zum Abstieg. Trotzdem fällt bei näherer Inaugenscheinnahme diese Möglichkeit aus, Boote und Ausrüstung um den Katarakt herumzubringen.

Es bleiben uns nur die Alternativen: entweder den Katarakt zu befahren oder die Expedition abzubrechen. Wir überlegen keine Sekunde. Wir bemannen die Boote, legen ab – und der Strom reißt uns mit sich. Zuerst ist das Wasser glatt, wenn auch rasend schnell, dann steht vor uns eine mächtige Wand massiven Wassers. Wir werden von unsichtbaren Kräften hoch emporgehoben und wieder hinuntergeworfen in einen schäumenden, brodelnden Trog. Unmittelbar darauf das gleiche Spiel: Hinauf auf die nächste, noch höhere Welle und hinunter in den noch tieferen Trog. So geht der atemberaubende Tanz weiter, bis uns ein mächtiger Brecher packt und unser kleines Boot überrollt. Aber der entfesselte Strom reißt uns mit, vorbei an finster drohenden Felsblöcken, bis wir endlich in einem Mahlstrom landen und mehrmals im Kreis herumgedreht werden.

Die anderen Boote rauschen während dieser Karussellfahrt an uns vorbei, bis wir nach harter Arbeit an den Riemen [Ruder] wieder in den Stromzug gelangen und von diesem weiter mitgerissen werden. Die mittschiffs offene „Emma Dean“ ist vollge-

schlagen, und jeder der folgenden Brecher rollt vom Bug bis zum Heck über uns hinweg. Wir kollidieren mit Felsen, einmal rechts, einmal links, werden wieder von einem Kehrwasser [Bereich im Wildwasser, in dem sich die Strömung stark verlangsamt oder sogar umkehrt] festgehalten, mit dem wir uns ein paar Minuten herumschlagen, bis wir wieder herauskommen und die Brecher erneut über uns herfallen.

Vollgeschlagen ist unser Boot nicht mehr manövrierbar. Doch durch die Abschottungen ist es unsinkbar. Wir treiben weitere hundert Meter durch Wellen und Brecher. Wie wir letztendlich durchgekommen sind, werden wir wohl nie erfahren. […]

Ganz unten, in dieser großartigen, unheildrohenden Unterwelt gleiten wir dahin. Unsere Augen spähen unentwegt voraus, sie sind fokussiert auf die Wasseroberfläche, unsere Ohren sind ebenso aufmerksam und weit geöffnet – gespannt lauschen wir auf ein womöglich aus der Ferne vernehmbares Grollen, Donnern und Dröhnen, mit dem sich ein alles verschlingender Wasserfall ankündigen könnte. Der Canyon ist gewunden und die Sicht wird von Felsnasen und -kanten verstellt, sodass wir ihn nur auf wenige hundert Meter einsehen können. Was vor uns liegt, wissen wir nicht. Es bleibt uns nichts anderes übrig, als mit höchster Aufmerksamkeit zu lauschen, die Augen weit offen zu halten, um von diesem Flussungeheuer nicht plötzlich verschlungen zu werden.

Hin und wieder unterbrechen wir in einer Bucht oder einem sanften Kehrwasser unsere Fahrt, um die gigantische Szenerie zu bewundern. Aber auch, um von einem erhöhten Standpunkt zu erkunden oder zumindest zu erahnen, was wir nicht kennen und wissen.

An jedem Punkt, an dem wir landen, fallen uns neue Farben und Formen ins Auge, Zinne oder Turm, Spitze, Gipfel oder sonstwie pittoresk geformter Fels. Der Blick wandert hinauf auf das entfernte obere Plateau oder hinein in die geheimnisvollen Tiefen der engen Seitencanyons. [...]

15. August 1869. Wir haben herausgefunden, dass wir die Boote dreihundert oder vierhundert Meter weitertreideln können. Wir arbeiten uns an der Wand entlang, indem wir über vorstehende Felsen klettern. Sie befinden sich manchmal direkt über dem Wasser, manchmal sind sie fünfzehn oder achtzehn Meter darüber. Die Männer an Land halten das Boot mit den Leinen, während zwei von ihnen an Bord bleiben, um das Fahrzeug davor zu bewahren, an Felsen oder dem Ufer zerschmettert zu werden, und es vor Beschädigungen zu schützen. Nach zwei Stunden sind alle Fahrzeuge so weit unten, wie es nur möglich ist.

Ein paar Meter weiter jedoch rauscht der Fluss mit aller Macht gegen einen Felsvorsprung. Wir legen die Boote in einer kleinen Bucht oberhalb davon fest. Dann richten wir den Bug der „Emma Dean" in einem engen Winkel stromauf, springen hinein, rudern mit aller Macht und kommen an der Nase vorbei, die wie ein Schiffbug im Strom steht. Die beiden anderen Boote manövrieren nach demselben Muster und kommen ebenfalls unbeschadet durch.

Es ist nicht einfach, die Schwierigkeiten eines solchen navigatorischen Vorgehens zu schildern. Es beginnt mit der wichtigen Vorsichtsmaßnahme, dass die Boote nicht gegen Felshindernisse geworfen werden. Wenn der Fluss reißend ist, müssen wir die Leinen an einem Felsblock ordentlich belegen, damit sie uns nicht aus den Händen gerissen werden. Wenn die Stufe hoch ist, müssen wir den Fahrzeugen Spielraum geben, damit sie nicht von der Walze unterhalb des Falles zurückgezogen werden und unter das herabstürzende Wasser geraten. Danach müssen wir sie wieder mit aller Vorsicht heranholen und vermeiden, dass sie dabei kentern.

Bevor wir uns für eine Befahrung einer Stromschnelle ein Stück vom Ufer entfernt entscheiden, werfen wir zuvor Holzstücke oder Treibholz ins Wasser und verfolgen deren Kurs. […]

Wolken sammeln sich im Canyon. Manchmal rollen sie in geballten Massen die Steilhänge hinunter und erfüllen die Schlucht mit unheilschwangerer Bedrohung. Manchmal hängen sie zwischen den oberen beiden Talhängen, formen sich zu einer sturmdräuenden Decke über uns. Dann wird der Canyon zu einem überdachten, düsteren Korridor mit seinen Wänden aus schwarzem Granit und einem metallisch schimmernden Fluss. […]

Es regnet. Oben am Rand des Canyons bilden sich Wasserfäden, die rasch zu Rinnsalen werden. Die Rinnsale werden zu Bächen, und die Bäche stürzen in unzähligen Kaskaden über die Wände herab. Sie leisten ihren akustischen Beitrag zur wilden Musik des schäumenden Colorado. Wenn der Regen aufhört, fallen all die Rinnsale rasch trocken.

Der Regen, der auf die Steilhänge und das übrige Umfeld prasselt, ergießt sich rasch in den Fluss. Es ist, als ob man Wasser durch einen Hahn in einen Trog laufen lässt. Der Weg von den Wolken in den Fluss könnte kaum direkter verlaufen. Wenn ein Wolkenbruch über das Canyonland hinwegfegt, werden die Seitenschluchten lebensgefährlich, eine Flutwelle kann alles und jeden mit sich reißen. […]

16. August 1869. Wieder einmal müssen wir unsere Verpflegungsvorräte trocknen und Riemen schnitzen. Der Colorado ist zu keinem Zeitpunkt ein Fluss mit klarem Wasser. Zudem hat es während der letzten drei, vier Tage viel geregnet. Die über den Canyonrand hinabstürzenden Fluten haben eine ganze Menge Sand und Schlamm hineingeschwemmt. Sie haben das ihre dazugetan, das Wasser des Colorado noch mehr mit Sedimenten zu durchsetzen als je zuvor. Im schroffen Gegensatz dazu steht oder fließt der von uns entdeckte Bach, oder das Flüsschen, wie man es im wasserarmen Westen nennen würde, so wunderschön klar, dass wir ihn oder es „Bright Angel River“ nennen.

Am frühen Morgen bricht die ganze Crew auf und folgt dem Flüsschen stromauf in der Suche nach Holz zur Anfertigung weiterer Riemen. Eine Anzahl von Kilometern oberhalb finden wir eine Kiefer, die von dem Plateau heruntergeschwemmt worden ist. Der Stamm ist auf seinem Weg in Richtung Colorado arg in Mitleidenschaft gezogen worden, doch sein Kern ist intakt. Die Männer bocken ihn auf, und die Säge- und Schnitzarbeit kann beginnen.

Das Flüsschen verschwindet weiter oberhalb unter einem Absturz senkrechter Felsen, dem Abbruch des Plateaus. Es fällt auf zwei oder drei Kilometer mehr als tausenddreihundert Meter und plätschert dann durch einen tiefen, engen Canyon, bis es den Fluss erreicht.

Spät am Nachmittag gehe ich zum Bright Angel River. Ich steige in eine Rinne ein und entdecke zweihundert Meter vom Camp entfernt die Ruinen von zwei oder drei alten Häusern, die ursprünglich aus mit Mörtel verputzten Steinen erbaut worden waren. Es sind nur die Fundamente übrig geblieben, doch die unregelmäßigen Blöcke des Mauerwerks liegen ringsherum verstreut. In einem der Räume finde ich einen alten Mahlstein. Er weist deutliche Spuren eines langfristigen und intensiven Gebrauchs auf. Es findet sich ebenfalls eine ganze Anzahl von Tonscherben. Daneben existieren lange nicht benutzte, aber tief ausgetretene Trails.

Es wird für unsere Generation ein unlösbares Rätsel bleiben, warum diese alten Völkerschaften an solch unzugänglichen Orten ihre Siedlungen errichtet haben. Sie waren zweifelsohne Ackerbauern, doch im weiten Umkreis befindet sich kaum Land, das man kultivieren könnte. Weiter westlich in Oraibi, im nördlichen Arizona, haben die Eingeborenen – die Hopi – entlang der Felswände, wo eine Quelle hervortritt, kleine Terrassen errichtet und dort ihre Gärten angelegt. Es ist möglich, dass die einstigen Bewohner dieses Ortes den Anbau ihrer Feldfrüchte nach demselben Muster betrieben haben. Doch warum haben sie diese Abgründe aufgesucht? Sicherlich war das Land nicht so übervölkert, dass sie gezwungen gewesen wären, an einem solch unfruchtbaren Ort ihr Leben zu fristen. [...]

17. August 1869. [...] Am Abend regnet es wieder, und wir fühlen die Kälte mehr als je zuvor. Der Rest von Canvas-Leinwand, der uns geblieben ist, ist verrottet und untauglich geworden. Die Gummi-Ponchos, die wir für unterwegs mitgenommen haben, sind alle über Bord gegangen. Mehr als die Hälfte der Männer hat ihre Hüte verloren. Kein Einziger von uns ist noch vollständig bekleidet, und wir haben nicht einmal mehr für jeden eine Decke. Also suchen wir uns Treibholz zusammen und entfachen ein Feuer. Doch nach dem kargen Essen wird der Regen zum Wolkenbruch und löscht es aus. Wir sitzen die ganze Nacht auf den Felsen herum, zittern vor Kälte und fühlen uns am Morgen ausgelaugter als nach einem Tag härtester Arbeit.

18. August 1869. Wir verbringen den kompletten Tag mit Portagieren. Wir kommen nur etwas mehr als drei Kilometer weit. Es regnet immer noch.

Während die Männer sich mit den Portagen herumschlagen, steige ich das Granitgestein hinauf, gehe dann weiter über rostfarbenen Sandstein und grünlich-gelben Schiefer bis zum Fuß der Marmorwand. Ich klettere so hoch, dass die Männer und die Boote in den schwarzen Tiefen unter mir aus meinem Gesichtsfeld verschwinden und der brausende Strom wie ein plätschernder Bach aussieht. Bei alledem habe ich nicht einmal die Hälfte des Weges bis zum oberen Rand des Grand Canyons hinter mich gebracht.

Um mich herum ist nichts als reine Geologie. Das Buch ist aufgeschlagen, und ich kann darin lesen, während ich mich weiter aufwärts arbeite.

Mir werden fantastische Aussichten geboten. Die Wolken hängen unter mir in der Schlucht. Aber ich denke eher an die Rationen, die nur noch für neun

Tage reichen, und an den wilden Fluss. Das Studium des Gesteins und die gloriose Szenerie werden von mir allenfalls noch halbherzig wahrgenommen. [...]
20. August 1869. Der Canyon ändert seinen Charakter. Er wird breiter, die Hänge haben eine stärkere Neigung. Sie bestehen aus schwarzem, aufrechtstehendem Schiefer. Die weicheren Schichten sind ausgewaschen, die härteren sind geblieben. [...]
21. August 1869. Wir sind nach der gestern zurückgelegten Strecke in guter Stimmung. Wir brechen früh auf mit der Aussicht auf einen sonnigen Tag. Circa vierhundert Meter unterhalb des Lagers dreht sich der Fluss plötzlich nach links. Zuvor ist er sehr schnell in einer langen, von Hindernissen unterbrochenen Stromzunge. An der Wand, wo er nach links abbiegt, türmt sich das Wasser auf. Wir versuchen, auf der Innenseite zu bleiben und an dem Hindernis vorbeizukommen, doch das Wasser ist zu schnell. Es scheint unmöglich, dem Desaster zu entgehen. Doch einmal mehr verhindert der Rückprall der Wellen die Kollision des Bootes mit dem Felsen und es kommt breitseits vorbei. Die Widerwellen schütteln uns mächtig durch, aber dann ist die Gefahrenstelle überwunden.

Dahinter dreht sich der Fluss wieder nach rechts, der Canyon wird enger. Wir können von der Fahrrinne nur ein relativ kurzes Stück einsehen. Auch hier ist das Wasser sehr schnell. [...]

Über die folgenden Kilometer erleben wir einen wilden, atemberaubenden Ritt. Wir brauchen dafür nicht einmal eine Stunde. Unsere Begeisterung ist derart, dass wir die Gefahr vollkommen verdrängen, bis wir das Donnern eines mächtigen Kataraktes hören. Wir rudern mit Macht rückwärts, verlangsamen unsere Geschwindigkeit. Wir schieben uns vorsichtig an die Fallkante heran und können kurz davor anlegen. Es hilft nichts, wir müssen umtragen. Das dauert bis kurz nach Mittag, ehe wir uns endlich im Unterwasser befinden.

Genau hier lassen wir die Granitformationen hinter uns. Wir haben immerhin in etwas weniger als einem halben Tag circa sechzehn Kilometer geschafft und sehen, dass sich vor uns Kalksteinwände befinden! Die Stimmung verbessert sich schlagartig. Wir denken nicht mehr an den Regen, die Bedrückung in den wolkenverhangenen Canyons, an den schwarzen Granit und die donnernden Katarakte. Beim Ablegen sind wir in Hochstimmung.

Aber der Fluss ist immer noch schnell. Wir drehen uns um ein Felskap auf der rechten Seite. Der Colorado windet sich, als wolle er zurück in die Richtung, aus der er gekommen ist. Vor uns taucht erneut der dunkle Granit auf mit seinem engen Schlund und seinen schwarzen Felsformationen.

Angsteinflößende, gefährliche Stromschnellen befinden sich nicht auf diesem Abschnitt. Trotzdem lassen wir Vorsicht walten, landen von Zeit zu Zeit, um uns bedrohliche Stellen anzusehen. Wir legen am Nachmittag weitere sechzehn Kilometer zurück, was sich zur doppelten Tagesleistung addiert. [...]

23. August 1869. Der Fluss hat sich tatsächlich durch Marmor-Wände hindurchgegraben. Hin und wieder passieren wir kleinere Granitformationen. Sie erinnern an Hügel, die auf einem Kalksteinsockel stehen. An einer dieser Stellen müssen wir einmal mehr eine Portage machen. Ich nutze den Aufenthalt, um einen kleinen, von Norden her kommenden Bach aufwärts zu waten. Manchmal stehe ich bis zum Hals im Wasser oder muss eine gewisse Strecke durch kleinere Becken schwimmen, die am Fuß der Fälle entstanden sind. Hier sprudeln viele Quellen, ebenso zahlreich sind die auf beiden Seiten heruntersprühenden Kaskaden. Hin und wieder begegne ich einer einzelstehenden Silberpappel am Ufer. Ich komme zu einem herrlichen, fast fünfzig Meter hohen Wasserfall. Ich klettere über einem Abbruch auf der rechten Seite um ihn herum. Als ich weitersteige, verengt sich die Sohle des Canyons auf viereinhalb bis sechs Meter. Doch die Wände erheben sich nach wie vor Hunderte von Meter. [...] Wir kampieren am Abend in einer Marmorkaverne und stellen fest, dass wir seit dem Morgen circa siebenunddreißig Kilometer zurückgelegt haben.

24. August 1869. [...] Unsere Mahlzeiten bestehen nur noch aus viel, viel Kaffee, einer sehr kleinen Portion verdorbenen Mehls und ganz wenigen, getrockneten Äpfeln. Wir nutzen jede Minute des Tageslichtes. Unsere Reise hat sich in eine Rallye verwandelt, deren Ziel und erster Preis eine vernünftige Mahlzeit ist. Doch wir kommen so gut vorwärts, dass sich alle in bester Stimmung befinden.

25. August 1869. An diesem Vormittag legen wir knapp zwanzig Kilometer zurück. Vor uns im Fluss türmen sich wahre Monumente aus vulkanischem Gestein. Die meisten sind niedrig, doch einige Säulen sind mehr als dreißig Meter hoch. Nach weiteren fünf bis sieben Kilometern nimmt die Zahl dieser Lavagebilde zu. Massen von erstarrtem Eruptionsgestein und Aschekegeln sind zu beiden Seiten des Flusses zu sehen. Dahinter röhrt unvermittelt ein Katarakt. Direkt über dem Fall, am Rand des Canyons, erhebt sich ein Aschekegel mit gut ausgebildetem Krater – ein erloschener Vulkan. Es ist zweifellos der Berg, den wir bereits vor drei oder vier Tagen gesehen haben. Von diesem Vulkan aus hat sich ein mächtiger Lavastrom in den Fluss ergossen und sich sowohl stromauf wie stromab ausgedehnt. [...]

Welch ein elementarer Kampf muss hier zwischen Wasser und Feuer stattgefunden haben! Man braucht sich nur den Strom des geschmolzenen Gesteins vorzustellen, der sich in das Wasser des Flusses ergossen hat. Was für ein Zischen, Wallen und Kochen des Wassers, darüber Dampfwolken, die sich in den Himmel erhoben! Heute haben wir sechsundfünfzig Kilometer zurückgelegt. Hurra!

26. August 1869. […] Seit wir den Colorado Chiquito passiert haben, haben wir keinen einzigen Hinweis gefunden, dass die auf beiden Seiten des Plateaus lebenden Indianer jemals in den Canyon hinabgestiegen sind beziehungsweise noch hinabsteigen. Doch am späten Vormittag entdecken wir direkt am Fuß der rechten Wand innerhalb einer kleinen Schwemmlandfläche einen „Garten", angelegt von Eingeborenen. Sie haben Mais angepflanzt. Zur Bewässerung haben sie die Quellen gefasst, die am Fuß der Wand sprudeln. Der Mais sieht ganz gut aus, ist leider aber noch nicht so weit, dass wir die Kolben über dem Feuer rösten könnten. Aber wir finden eine Anzahl schöner, grüner Kürbisse. Wir tragen ihrer zehn oder zwölf an Bord der Boote. Wir wollen bei diesem Raubzug nicht überrascht werden, haben jedoch als Entschuldigung unseren Hunger und das Fehlen von Nahrungsmitteln vorzubringen.

Wir fahren eine gewisse Distanz weiter, um sicherzugehen, dass uns kein Indianer gefolgt sein kann, und kochen einen ordentlichen Kessel Kürbis-Eintopf. Wir besitzen kein Salz, um ihn zu würzen, doch er ist eine hervorragende Beilage zu den hefelos gebackenen Brotfladen und dem Kaffee. Niemals hat uns eine Frucht besser geschmeckt als diese gestohlenen Kürbisköpfe! […]

27. August 1869. […] Nach dem Essen wechseln wir auf die rechte Seite. Hoch über dem Fluss können wir über den oberen Rand der Granitschicht gehen. Sie ist an der Kante abgebrochen und durchsetzt mit turmartigen Blöcken und Spitzen, die uns den Blick auf den Fluss verstellen. Endlich gelingt es mir, einen Aussichtspunkt zu erklimmen, von dem aus ich den donnernden Fall unter uns einsehen kann. Dabei habe ich mich zu weit hinaufgewagt, sodass ich weder vor noch zurück kann. Mit einem Fuß stehe ich auf einem winzigen Vorsprung und habe meine mir verbliebene Hand in einen schmalen Riss verkeilt. Hier bin ich jetzt gefangen, circa hundertdreißig Meter über dem Fluss. Sollte meine Fußstütze abbrechen, würde ich geradewegs in den Colorado stürzen. Also rufe ich um Hilfe. Die Männer kommen und reichen mir eine Leine. Aber ich kann den Griff im Riss nicht lange genug lockern, um die Leine zu greifen. Danach bringen sie zwei, drei unserer längsten Riemen. Über all dem verstreicht kostbare Zeit, die mir unendlich lang vorkommt. Doch dann sind die Männer zurück. Das Ruderblatt eines der Riemen wird in einen engen Spalt geschoben, sodass sie mich mit dem Schaft gegen die Wand pressen können. Dann wird ein zweites Ruder als Fußstütze angebracht. Auf diese Art und Weise befreien sie mich aus meiner prekären Lage. […]

Wenn überhaupt, halte ich es nur für möglich, die Boote über den ersten Fall zu treideln, dann am rechten Ufer vorbei mit den Fahrzeugen bis zum nächsten Katarakt zu rudern, wo wir über eine kleine Stromzunge ins Unterwasser gelangen können. Von da aus müssten wir mit allen unseren Kräften den Fluss queren, um an einem gewaltigen Felsen mitten in der Strömung vorbeizukommen.

Nach dem Abendessen bittet mich Captain Howland um ein Gespräch. Wir gehen ein Stück an einem kleinen Bach entlang. Ich entnehme sehr schnell seinen Worten, dass er meinen Entschluss zur Weiterfahrt nicht gutheißt. Er ist der Ansicht, dass wir an diesem Punkt die Flussreise beenden sollten. Ich erfahre während des Gespräches, dass er, sein Bruder und William Dunn sich entschlossen haben, nicht mehr mit den Booten weiterzufahren. Wir kehren ins Lager zurück und berichten den übrigen Männern nichts über das anstehende Problem.

Während der letzten beiden Tage haben wir unseren Kurs nicht gekoppelt, das heißt die zurückgelegte Entfernung nicht bestimmt. Ich setze mich jetzt hin und hole das Versäumte nach, um unsere exakte Position zu ermitteln. Es ist eine klare Nacht. Ich kann mit dem Sextanten die Sterne schießen und die Breite bestimmen. Ich stelle fest, dass die Lokalisierung unseres Aufenthaltsortes ziemlich genau mit der durch Koppeln festgestellten Position übereinstimmt.

In der Vogelfluglinie gerechnet, müssten wir zweiundsiebzig Kilometer von der Mündung des Virgen River entfernt sein. Die in der Vogelfluglinie gemessene Entfernung wird auf dem Fluss mit all seinen Kurven und Biegungen hundertdreißig Kilometer betragen. Darüber hinaus wissen wir, dass sich die Ebene kilometerweit bis oberhalb der Mündung des Virgen River ausdehnt. Das bedeutet, dass es bis zum Canyonende nicht mehr so weit sein kann.

Wir werden also auf einem beträchtlichen Teil der noch zu bewältigenden Entfernung keine Hindernisse antreffen. Wir wissen ferner, dass, wenn wir den Zielpunkt Virgen River erreichen, nur noch zweiunddreißig Kilometer zwischen uns und den ersten Siedlungen liegen werden.

Nachdem ich all diese Fakten zusammengetragen habe, zeichne ich die einzelnen Positionen in den Sand und wecke Captain Howland. Ich erkläre ihm, wo wir uns befinden und wo die verschiedenen Mormonensiedlungen liegen, die wir erreichen wollen. Wir unterhalten uns kurz darüber, was uns wohl der nächste Tag bringen wird. Howland legt sich hin, aber ich kann keinen Schlaf finden.

Die ganze Nacht gehe ich auf dem kurzen Pfad über die Bank am Fluss entlang auf und ab. Ist es angebracht, weiterzufahren? [...]

Ich versuche alle Fakten nüchtern zu sehen und unsere Chancen abzuwägen. Fast gelange ich zur Überzeugung, dass es besser sei, den Fluss zu verlassen und den Versuch zu wagen, uns zu Fuß durchzuschlagen. Doch dann fege ich alle Zweifel beiseite: Seit Jahren habe ich nur noch diese Befahrung im Kopf. Jetzt diese Entdeckungsreise abzubrechen, sagen zu müssen, dass ein Teil des Canyons übrig bleibt, den ich nicht erkunden kann, das ist mehr, als ich einzustecken vermag – kurz bevor das Ziel erreicht ist. Mein Entschluss steht danach fest: Ich werde weiterfahren.

Danach wecke ich meinen Bruder und berichte ihm von Howlands Entschluss. Er verspricht mir, bei mir zu bleiben. Danach wende ich mich an Hawkins, den Koch. Er wird die Bootsreise weiter mitmachen. In der Folge spreche ich mit Sumner, Bradley und Hall. Sie sind alle einverstanden, auf dem Fluss weiterzumachen.

28. August 1869. Nachdem es hell geworden ist, frühstücken wir, ohne ein Wort über unser wechselseitiges, künftiges Verhalten zu verlieren. Es herrscht eine Friedhofsstimmung. Dann frage ich die drei Männer, ob sie es immer noch für das Beste hielten, uns zu verlassen. Der ältere der Howland-Brüder ist für eine Trennung, ebenso Dunn. Der jüngere Howland versucht, die beiden dazu zu überreden, sich uns wieder anzuschließen. Doch er hat damit keinen Erfolg. Er entschließt sich schweren Herzens, bei seinem Bruder zu bleiben.

Danach überqueren wir den Fluss. Das kleine Führungsboot erweist sich als nicht mehr fahrtüchtig. Wir würden nach der Verabschiedung der drei ohnehin nicht mehr alle Boote vollständig bemannen können. Ich beschließe, die „Emma Dean“ aufzugeben.

Wir überlassen den dreien zwei Gewehre und eine Schrotflinte. Ich gebe ihnen freie Hand, von der noch vorhandenen Verpflegung das mitzunehmen, was sie als den ihnen zustehenden Anteil erachten. Sie lehnen ab und sagen, sie hätten keine Angst, unterwegs hungern zu müssen – irgendetwas Essbares würden sie schon schießen. Unser Koch hat eine Pfanne voller Brotfladen für unser Mittagessen vorbereitet. Er lässt sie auf einem Felsen liegen, damit die Drei sich selbst bedienen können.

Bevor wir starten, entlasten wir unsere Boote von unseren Barometern, den gesammelten Fossilien und Mineralien, einem Teil der Munition. Wir lassen diese

Dinge auf einem Felsen zurück. Wir wollen unsere Fahrzeuge so sehr leichtern wie nur irgendwie möglich. Die drei Männer, die uns verlassen wollen, helfen uns noch, die Boote über einen Felsen hinwegzuwuchten, der zwischen siebeneinhalb Meter und neun Meter hoch aufragt, und die Fahrzeuge über die erste Stufe hinunterzulassen. Danach sind wir startklar.

Kurz zuvor habe ich noch einen Brief an meine Frau geschrieben und ihn Howland in die Hand gedrückt. Sumner überreicht ihm seine Uhr. Er soll sie seiner Schwester geben, für den Fall, dass man nichts mehr von ihm hören sollte. Der Expeditionsbericht ist doppelt vorhanden. Auch hiervon erhält Howland ein Exemplar.

Die Drei beschwören uns nochmal, dass es verrückt sei, diesen Flussabschnitt zu befahren, dass wir es nie schaffen würden, sicher unten anzukommen; dass sich der Fluss weiter unterhalb nochmal nach Süden wenden und die Granitformationen sich negativ auf das Verhalten des Colorado und damit auf seine Befahrbarkeit auswirken würden; dass schon nach wenigen, mit Schnellen und Fällen gespickten Kilometern unsere Vorräte komplett erschöpft wären; dass es dann zu spät sei, den Canyon zu verlassen.

Es werden Tränen vergossen, es ist ein düsterer, trauriger Abschied. Jede Gruppe denkt von der anderen, dass sie sich auf ein gefährliches Unternehmen mit gänzlich ungewissem Ausgang einlässt, dass man sich nicht mehr wiedersehen wird.

Nachdem ich mein altes Boot zurückgelassen habe, gehe ich an Bord der „Maid of the Canyon". Die drei Zurückbleibenden erklettern einen Felsvorsprung, um zu beobachten, wie und ob wir uns aus dieser schwierigen Situation herauswinden würden. Die „Maid of the Canyon" legt als Erste ab. Wir schießen an dem Fuß der Wand entlang, schrammen an einem großen Felsen vorbei, dirigieren das Boot ein Stück in Richtung Flussmitte, erwischen die kleine Stromzunge und rauschen den zweiten Fall hinab. Die „Maid of the Canyon" läuft mittschiffs voll, als wir in die Widerwellen unterhalb hineinfallen. Die Männer rudern unter Aufbietung aller Kräfte nach links hinüber, um von dem mächtigen Felsblock vor uns klarzukommen.

Das Manöver gelingt. Es hat kaum eine Minute gedauert – und wir sind durch. Von unserem Standpunkt stromauf hatte es äußerst gefährlich ausgesehen. Jedoch im Nachhinein betrachtet, hatten wir bislang viel schlimmere Passagen problemlos hinter uns gebracht.

Auch das andere Boot kommt glatt durch. Wir landen bei erster Gelegenheit, feuern unsere Gewehre ab als Zeichen für die drei Zurückgebliebenen, dass wir diese Situation gemeistert haben. Wir warten ein paar Stunden ab, ob sie es sich vielleicht doch noch anders überlegen und uns in dem kleinen Boot folgen würden. Eine Kurve in dem Canyon verwehrt uns den direkten Blickkontakt. Erst als wir uns sicher sind, dass weiteres Zögern vergeblich ist, fahren wir weiter.

Wir werden bis zur Mittagszeit mit einer Reihe von Katarakten und Stromschnellen konfrontiert, die wir alle problemlos befahren können. Kurz danach bekommen wir es mit einer schwierigen Situation zu tun. Wieder einmal scheint sie von einem von links einmündenden Bach verursacht. Einer ersten Stufe folgt eine zweite etwas unterhalb. Der Fluss schießt zwischen und über Felsen nach unten, bildet Walzen, Wirbel und hohe Wellen – ein schäumendes Chaos. Wir versuchen auf der linken Seite einen Überblick zu gewinnen, sehen, dass wir auf dieser Seite keine Chance haben, doch auf der rechten Seite mag eine Möglichkeit zum Durchkommen bestehen. Wir rudern zweihundert oder dreihundert Meter stromauf und kreuzen den Strom.

Auf einer an die hundert Meter hohen Basaltschicht können wir den ersten Fall gut einsehen. Der massive Fels ist hier eingebrochen. Ich weise die Männer an und dirigiere sie gleichzeitig, die Leinen hinauf auf die Felsen zu bringen und die Boote entlang der Wand ins Unterwasser zu treideln. Ein Mann bleibt an Bord, um die Fahrzeuge bei Bedarf von den Felsen klarzuhalten. Doch dann zeigt sich, dass die Boote nicht anlegen können und dass unterhalb die Situation ebenfalls sehr bedrohlich ist. Die Möglichkeit einer Portage ist nicht gegeben. Ich laufe zurück, um die Anweisung zu geben, die Boote nicht hinunterzutreideln. Doch die Männer haben bereits eines von ihnen in das rasende Wasser auf der Kante der Stufe dirigiert. Bradley steht auf dem Deck und versucht sein Möglichstes, es in der offenen Strömung zu halten. Die Männer am Ufer können das Boot nicht mehr zurückziehen, fatalerweise besteht auch keine Chance, es mit den Leinen weiter am Ufer entlangzudirigieren. Die letzte Möglichkeit, es von oben, von der Höhe des Granitbandes nach unten gleiten zu lassen, ist uns ebenfalls verstellt: Die Leine ist nicht lang genug.

Also wird das Boot erst einmal an einem Felsblock solide belegt. Zwei Männer gehen stromauf, um von dem zweiten Boot weitere Leinen zu besorgen.

Bradley ist nicht zu beneiden: Er versucht, mit dem Ruder das Fahrzeug davor zu bewahren, gegen die Uferfelsen zu schlagen. Aber es pendelt in weiten Ausschlägen auf der anderen Seite in Richtung Flussmitte, knallt gegen einen Felsen, pendelt mit zum Zerreißen gespannter Leine zurück und schlägt nochmals gegen den Fels. Nachdem die zweite Leine an Ort und Stelle ist, versuchen wir, sie zu Bradley hinunterzuwerfen, doch er ist viel zu sehr mit seinen eigenen Problemen beschäftigt, um unsere Absicht zu bemerken.

Ich stehe auf einem Felsvorsprung, aber meine Stimme geht verloren wie das Quieken eines Mäuschens im Löwengebrüll des Kataraktes. Also winke ich mit meinem Hut. In diesem Augenblick sehe ich, wie Bradley sein Messer zieht, um die Bugleine zu kappen, bevor das Boot in Stücke geschlagen wird. Als es nochmals auf den Felsen donnert, bricht ein Teil des Stevens [vordere und hintere nach oben gezogene Verlängerung des Kiels] weg – und das Boot kommt frei. Bradley, einer unserer Stärksten, greift sich das schwere Steuerruder am Heck, um das Boot herumzuziehen, damit es nicht breitseits durch die Wasserhölle treibt. Es gelingt ihm, und in Sekundenschnelle schießt es stromab bis an den Rand unseres Gesichtsfeldes. Danach sehen wir, wie es über den hohen Kamm einer mächtigen Welle reitet, dem folgt ein weiteres beängstigendes Rauf und Runter. Danach verschwindet es endgültig in dem schaumigen, von ein paar dicken Felsen verursachten Gebrodel und aus unserem Gesichtsfeld.

Wir stehen aus Angst um Bradleys Schicksal einen Augenblick gebannt und sprachlos da. Es hat ihn erwischt, wir haben nicht den geringsten Zweifel.

Doch dann – wir trauen unseren Augen kaum – da taucht etwas aus dem Gebrodel auf. Zweifellos ist es das Boot! Dann sehen wir eine winzige Gestalt auf dem Deck, die ihren Hut schwenkt: Es ist Bradley, der uns anzeigen will, dass er heil durchgekommen ist. […]

Genau wie er kommen auch wir unten an, lenzen das Boot aus, rudern an Land, warten, bis Sumner und mein Bruder nach einer schwierigen Kletterei zu uns stoßen. Wir fahren noch vier oder fünf Kilometer. Dann dreht sich der Strom nach Nordwesten. Wir fahren bis zum Einbruch der Dunkelheit weiter und lassen die Granitformationen hinter uns!

29. August 1869. Wie üblich starten wir im Morgengrauen. Der Fluss ist weiterhin schnell, doch er weist keinerlei ernst zu nehmende Schwierigkeiten auf. […] Am Abend kampieren wir in einem Mesquite-Dickicht auf dem linken Uferstreifen.

Die Erleichterung, dass die Gefahr vorüber ist, ist ebenso groß wie die Freude, es geschafft zu haben. Wenn einer, der durch seine Verwundungen an ein Krankenbett gefesselt war, der aushalten muss, bis das

Zelt darüber ihm wie eine Gefängniszelle erscheint, während das Stöhnen derer, die mit Skalpell und Sonden gequält, die Enge noch bedrückender macht … Schließlich glaubt er den Horror, der seine Ohren bedrängt, nicht mehr aushalten zu können, ebenso wenig wie den Gestank brandiger Wunden und anästhetischer Medizin, die die Luft schwängern. Wenn dieser Mensch endlich hinauskommt in das Freie, welch eine Welt erlebt er da! Wie wunderschön erscheint ihm der Himmel, wie leuchtend der Sonnenschein; wie aufmerksam lauscht er den „Strömen von berauschender Musik" aus Vogelkehlen; wie süß empfindet er den Duft von Erde, Blüten und Pflanzen. Die erste Stunde nach der Genesung in der Freiheit scheint ihm eine reichhaltige Kompensation für überstandene Bedrückung und Furcht.

Hier am Colorado erlebe ich ein Gefühl ähnlich dem, das ich nach dem Verheilen jener Verwundung empfand, durch die ich meinen Arm verloren hatte.

Zuvor hatte uns immer die Unsicherheit einer vor uns liegenden, unbekannten Gefahr beherrscht. Die Bürde war oft schwerer als die Gefahr selbst. Jede Stunde im Grand Canyon, die wir nicht schlafend verbracht hatten, war hart und mühevoll gewesen. Wir haben mit großer Betroffenheit das weitere Dahinschmelzen unserer bereits geringen Lebensmittelvorräte beobachtet und feststellen müssen, dass der Fluss uns von dem uns gebliebenen Wenigen immer noch etwas weggenommen hatte, während wir selbst hungerten. […]

30. August 1869. […] Vier oder fünf Kilometer weiter, als wir eben eine enge Flussbiegung umrunden, stoßen wir auf ein weiteres Eingeborenen-Camp. Bevor sie uns sehen, sind wir so nahe heran, dass ich ihnen zurufen kann, wir seien Freunde. Obwohl ich einige Worte ihrer Sprache radebreche, fliehen auch sie und verstecken sich. Nur ein Mann, eine Frau und zwei Kinder bleiben zurück. Wir legen an und reden mit ihnen. Sie bewohnen keine Tipis, sondern einfache Reisig-Schutzhütten, die sie auf dem Sand errichtet haben. Der Mann trägt nichts weiter als einen Hut, die Frau lediglich eine Glasperlenschnur. Anfangs sind sie überaus furchtsam, doch als ich sie in ihrer eigenen Sprache anrede, ihnen nochmals versichere, dass wir Freunde seien und nach den Leuten frage, die in den Mormonensiedlungen leben, fassen sie rasch Zutrauen und betteln uns um Tabak an. Von diesem äußerst wertvollen und geschätzten Artikel können wir nichts mehr abgeben. Sumner sucht in dem Boot herum – in der Hoffnung, irgendetwas zu finden und ihnen geben zu können. Er findet ein kleines Stück farbiger Seife, das sie als wertvolles Geschenk entgegennehmen, auch wenn es sich eher um einen Luxusgegenstand als um etwas wirklich Nützliches handelt. Im Endeffekt können oder wollen sie uns nichts über die übrigen Indianer oder über Weiße in dieser Gegend mitteilen.

Da wir keine Zeit zu verlieren haben, gehen wir wieder in die Boote und fahren weiter.

Am Mittag kampieren wir unter der rechten Uferböschung. Danach werden wir von einer ungeduldigen Erwartung gepackt. Wir erwarten von einer Minute auf die nächste, die Mündung des Virgen River zu sehen. Plötzlich ruft einer der Männer: „Ist da nicht ein Indianer im Fluss?"

Nach einigen Minuten sehen wir tatsächlich, dass sich zwei oder drei Gestalten im Wasser befinden. Die Männer legen sich in die Riemen und rudern auf sie zu. Als wir näher kommen, sehen wir, dass es sich um drei Weiße und einen Indianer handelt, die zusammen ein Netz einholen. Gleichzeitig sehen wir auch die Mündung des von uns so lange und sehnsüchtig erwarteten Flusses, des Virgin River.

Die Männer scheinen viel weniger überrascht, uns zu sehen – als wir sie. Sie wissen offenbar genau, wer wir sind, und sie erzählen uns, dass wir seit Langem überfällig seien, dass man uns aufgegeben hat. Einige

Wochen zuvor hatte man ihnen durch einen Boten aus Salt Lake City mitgeteilt, sie sollten nach irgendwelchen Fragmenten und Relikten unserer Expedition Ausschau halten, die möglicherweise stromab treiben könnten.

Unsere neuen Freunde, Mr. Asa und seine beiden Söhne, erzählen uns, dass an diesem Ort eine Siedlung entstehen soll. Sie bestätigen uns, dass circa dreißig Kilometer den Virgen River aufwärts sich tatsächlich zwei Mormonenniederlassungen befinden: St. Joseph und St. Thomas. Wir schicken sofort einen Indianer zum letzteren Ort, um für uns Briefe abzuholen, die sich möglicherweise dort befinden könnten. […]

31. August 1869. Am Nachmittag kehrt der Indianer zurück mit einem Brief, nach dem Bischof Leithhead von St. Thomas und zwei oder drei weitere Mormonen mit einem Fuhrwerk kommen – und uns Verpflegung mitbringen würden. Mr. Asa behandelt uns bis dahin im Rahmen seiner Möglichkeiten mit der denkbar größten Liebenswürdigkeit. Der Bischof und seine Begleiter erscheinen bei Sonnenuntergang. Leithhead hat zwei oder drei Dutzend Melonen dabei und viele andere Luxusgüter. Danach geht es uns wieder ganz gut.

1. September 1869. Sumner, Bradley, Hawkins und Hall besteigen, versehen mit einem kleinen Vorrat Lebensmittel, wieder die Boote, die sie stromab bis nach Fort Mojave bringen sollen. Von dort wollen sie versuchen, über Land Los Angeles zu erreichen.

Mein Bruder und ich fahren mit Bischof Leithhead zurück nach St. Thomas. Von dort werden wir nach Salt Lake City weiterreisen.

Freddy Langer
Lauter Träume aus Stein

Den Fahrgästen der Santa Fe Railroad auf dem Weg von Chicago nach Los Angeles muss Winslow wie eine Fata Morgana erschienen sein. Stundenlang führt die Reise durch das gelbe struppige Gras der Prärie. Nur hin und wieder steht rot oder violett ein Tafelberg allein in der Ebene, und im Norden glitzert am Horizont der schneebedeckte San Francisco Peak unter einem stahlblauen Himmel. Da taucht wie aus dem Nichts der Endlosigkeit Arizonas der kleine Ort mit dem riesigen Bahnhof auf, besser: dem riesigen Bahnhofshotel, denn Bahnsteig, Wartehalle und Gebäude sind allesamt Teil einer gewaltigen Inszenierung. Es ist die Stein gewordene Vision der Mary Jane Colter (1869–1958).

Jedem ihrer Entwürfe für den Hotelmagnaten Fred Harvey und die Santa-Fe-Eisenbahngesellschaft hatte die Architektin und Gestalterin solch luxuriöser und zugleich bizarrer Häuser wie der „Phantom Ranch" am Rand des Grand Canyon (1922) oder „La Fonda" im Herzen von Santa Fe (1925) eine weit in die Pioniertage Amerikas zurückreichende Geschichte zur Seite gestellt, noch ehe überhaupt die Baugruben ausgehoben wurden. „La Posada" in Winslow, so war ihre Idee, könnte die monströse Hazienda eines Viehbarons des achtzehnten Jahrhunderts gewesen sein, der sich im spanisch-mexikanischen Stil einen Palast in die Steppe gestellt hatte. Wie sein Rinder-Imperium sei auch sein Haus gewachsen. Für jede neue Generation der Familie wurde ein weiterer Flügel angebaut oder ein neues Türmchen aufgesetzt, ein ganzer Trakt nur mit Schlafzimmern entstand sogar ausschließlich für Freunde und Verwandte, die zu Besuch auf der Ranch waren, bis der verschachtelte Bau zu einem mächtigen Schloss mit zahlreichen kleinen Innenhöfen angewachsen war. Jeder Abschnitt im je eigenen Zuschnitt, jeder Raum mit anderen Möbeln eingerichtet, mal spanischer, mal indianischer Herkunft, manche von Reisen in ferne Länder mitgebracht. Als die Familiendynastie vom Glück verlassen wurde, so die Mär, übernahm ein Hotelier das Haus. Die Eröffnung 1930, so sollten die Gäste glauben, war deshalb nur das jüngste Kapitel einer langen Geschichte. Ihr Aufenthalt wurde zum Erlebnis-Urlaub, lange bevor die Vokabel erfunden war.

Die ersten Besucher freilich waren es gewohnt, Kulissen als Wahrheit zu nehmen. Es waren die Stars aus Hollywood: von Douglas Fairbanks und Mary Pickford über Clark Gable und Carol Lombard bis Gary Cooper und John Wayne. Sie hatten „La Posada" in den dreißiger und vierziger Jahren zu ihrem Treffpunkt gemacht. Inmitten eines damals durchaus noch Wilden Westens war das Hotel eine Oase der Zivilisation, in dem artig gekleidete Kellnerinnen, die sogenannten „Harvey Girls", an mit Porzellan, Silberbesteck und Kristallgläsern gedeckten Tafeln servierten – ein Luxus, der im amerikanischen Südwesten in jenen Tagen nicht nur unüblich, sondern vermutlich sogar unbekannt war. Zugleich war das Haus Ausgangspunkt organisierter Picknick-Fahrten im Packard oder Cadillac zu den Attraktionen der Wildnis: Grand Canyon und Painted Desert etwa, Meteor Crater und Canyon de Chelly.

Erst mit dem Niedergang der Bahn in den Vereinigten Staaten gingen auch die Geschäfte des Hotels immer schlechter. 1957 wurde es geschlossen. 1993 landete es dank seines Eintrags im „National Registry of Historic Places“ auf der Liste vom Verfall bedrohter Gebäude. Dort hat es Allan Affeldt entdeckt; damals Vorsitzender einer Architektenvereinigung in Kalifornien. Kurz entschlossen kaufte er das Haus zu einem symbolischen Preis und richtet seither mit allerhand Zuschüssen und dank einiger Steuervergünstigungen Stück für Stück den alten Zustand vornehmer, also zurückhaltender Eleganz wieder her. Fünf Millionen Dollar wird die Restaurierung kosten. Ein Gutteil der ursprünglich achtzig Zimmer und Suiten kann mittlerweile bezogen werden.

Mit der Bahn kommt heute niemand mehr, um hier seinen Urlaub zu verbringen. Nur zweimal am Tag hält überhaupt noch ein Personenzug in Winslow; der breite Bahnsteig vor der langen Fassade des Hotels wirkt fast wie eine Sonnenterrasse. Aber Autourlauber zählt man immer mehr, seit die Route 66, die legendäre Straßenverbindung vom Lake Michigan zum Pazifik, ihre Renaissance erlebt. Sie führt quer durch die Stadt.

Wer mit dem Wagen kommt, betritt das Hotel durch den Hintereingang. Umso verblüffender freilich ist der Effekt der gespenstisch hohen Halle, ausgeschmückt mit indianischer Kunst und mexikanischem Mobiliar. Warteraum, Lobby und Saal zugleich, war sie einst auch das Zentrum des gesellschaftlichen Lebens von Winslow – und könnte es wieder werden. Im Ort jedenfalls, der in den sechziger Jahren durch Abwanderung mehr als die Hälfte seiner damals zehntausend Einwohner verlor und nur knapp dem Schicksal entkam, zur Geisterstadt zu werden, begreift man die Neueröffnung des Hauses als Katalysator für die gesamte Region. Schon ist sogar die Rede davon, als nächstes das Opernhaus zu restaurieren.

Freddy Langer

Maultiere rutschen nicht aus

Wenn John Wesley Powell vom Grand Canyon sprach, blieb er bisweilen seitenlang so trocken wie die Landschaft, durch die der Colorado fließt und in die sich der Fluss mehr als anderthalbtausend Meter tief hineingefressen hat. Er schrieb nicht von Felsen, sondern von Gestein, nicht von zerrissenen Wänden, sondern von Schichten aus Sandstein, Schiefer und Granit, die er präzise vergangenen Epochen zuordnete bis zurück in die Zeit vor zwei Milliarden Jahren. „Die Forschungsreise“, begründete er im Vorwort seines 1895 erschienenen Berichts diese Zurückhaltung, „galt nicht dem Abenteuer, sondern einzig wissenschaftlichem Interesse, geografischem und geologischem, und ich hatte nie die Absicht, das Unternehmen zu schildern, sondern wollte nur die Ergebnisse veröffentlichen.“

Nicht einmal in seinen Artikeln für populäre Zeitschriften machte er sich von dem verhaltenen Ton frei, wenn er von der ersten Bootsfahrt durch den Grand Canyon oder seinen anderen Expeditionen in die Schlucht zwischen 1869 und 1872 schrieb. Der Maler Thomas Moran war geradezu empört. „Selbst in der Schilderung der gefährlichsten Momente zeigen Sie (so ich mich recht entsinne) kein einziges Mal Ihre Empfindungen“, klagt er in einem Brief an den Forscher, „und die Gefühle des Terrors wie des Erhabenen, die man in dem steinernen Rachen der Kluft verspürt, deuten Sie nicht einmal an.“ Für seine Bilder hatte Thomas Moran eine andere, eine pathetischere Sprache gewählt.

Moran hatte Powell 1872 begleitet, und obwohl er selbst nicht den ganzen Weg in die Schlucht hinabgestiegen war, lieferte er dennoch Illustrationen für Powells Veröffentlichungen, in denen keine Perspektive fehlt. Seine Darstellungen reichen vom Panoramablick über einen zu Stein geronnenen, aufgewühlten Ozean bis zu klaustrophobischen Momenten an den engsten Stellen der Klamm, wohin kaum ein Sonnenstrahl dringt und wo die nackten steilen Wände wirken wie der Eingang zur Hölle. Das sind keine Landschaftsbilder mehr, sondern Versuche, sich eine fantastische Welt zu erschließen, für die es kein Vokabular gibt. Mithin die ersten, die sich mit dieser Region auseinandersetzten, hatten auf Anhieb eine Debatte entzündet, die bis heute nicht beendet ist: Wie lässt sich adäquat vom Grand Canyon erzählen?

Kein Mensch weit und breit. Und schon gar kein Esel. Dabei sollte es in fünf Minuten losgehen, und die Dame am Schalter tags zuvor hatte so sehr auf Pünktlichkeit gedrängt, dass ihr die vehement ausgesprochene Empfehlung, sich den Weg zum Sammelplatz genau einzuprägen, keineswegs peinlich zu sein schien – immer geradeaus, knapp hundert Meter die Straße hinunter.

Überhaupt: Peinlichkeit als Korrektiv im zwischenmenschlichen Umgang ist am Schalter für die Mule Rides, die Ausflüge mit Maultieren in die Abgründe des Grand Canyons, offensichtlich völlig unbekannt. „Steigen Sie hier drauf", wird jeder Mann und jede Frau unabhängig von der Figur auf eine Waage geleitet, damit niemand ein Tier mit mehr als zweihundert Pfund, das sind einundneunzig Kilo, belaste. Anschließend folgt die ausführliche Einweisung, wie man sich zu kleiden habe, in welche Tasche man das Portemonnaie stecken solle und weshalb man besser keine Ohrringe trage. Außerdem erhält man einen Lederbeutel für einen Liter Wasser, einen Regenmantel sowie, falls man vorhat, eine Sonnenbrille mitzunehmen, einen halben Meter Schnur. „Besser festgebunden als verloren." Dann unterschreibt man, dass einem die Lebensgefährlichkeit der Unternehmung mitgeteilt wurde und einleuchtet. Formuliert ist das so: „Reiter können vom Muli fallen oder auf andere Weise mit der Steinwand des Canyons oder anderen Personen oder Mulis in Kontakt kommen, woraus eine Reihe von Verletzungen resultieren kann, einschließlich, aber darauf nicht beschränkt, Kopfverletzungen, innere Verletzungen, Knochenbrüche oder Tod, aufgrund des Zustands des Wegs, durch einheimische wilde Tiere oder den undurchschaubaren Charakter der Mulis." Später, und es klingt nicht minder dramatisch, wird ein Cowboy noch sagen: „Dies wird das aufregendste Erlebnis Ihres Lebens." Aber das ist erst am nächsten Tag, an diesem Morgen also, an dem zunächst noch immer kein Mensch und schon gar kein Esel zu sehen ist.

Für den Grand Canyon scheint nur der Superlativ gut genug. Alles ist hier das Tollste, Schönste, Größte, Tiefste, Spektakulärste und Atemberaubendste. Auch bei der Verwendung von Substantiven zeigt man sich nicht zimperlich und bemüht in der Werbung für Ausflugsarrangements oder die Mitgliedschaft in der Grand Canyon Association Begriffe, wie man sie sonst allenfalls noch für die Begegnung mit dem Herrgott gebrauchen würde: „Haunting Splendor" etwa und „The Sense of Awe" – betörende Pracht und das Gefühl heiliger Scheu.

Der Grand Canyon ist der Grand Canyon ist der Grand Canyon. Widerspruch ist zwecklos. Umso überraschender, dass es noch in den sechziger Jahren ernsthaft debattierte Pläne gab, ihn mit einem Stausee zu füllen. Und schwer zu glauben, dass sein Potenzial als Touristenattraktion nicht auf Anhieb erkannt worden ist. „Wir waren die erste Gruppe von Weißen – und werden zweifellos auch die letzte gewesen sein –, die diese allen Nutzens bare Gegend besuchte", schrieb

1857 der Forscher Joseph Ives. „Es scheint in der Absicht der Natur zu liegen, dass der Colorado River zusammen mit dem größten Teil dieser einsamen und majestätischen Landschaft auf ewig unbesucht und ungestört bleibt." Mittlerweile werden jedes Jahr mehr als vier Millionen Besucher im Grand-Canyon-Nationalpark gezählt.

Fast alle kommen mit dem Wagen. Fast alle haben wenig Zeit. Sie brausen von Parkplatz zu Parkplatz, also von Aussichtspunkt zu Aussichtspunkt, lehnen sich über die Geländer, rufen „Ah" und „Oh", machen einige Fotos und fahren wieder davon. So könne man den Canyon natürlich unmöglich erleben, fühlen, in sich aufnehmen, sagen jene, die von sich glauben, die Schlucht besser zu kennen, weil sie das Panorama eben nicht als eine Art Dia-Schau betrachten, bei der alle paar Minuten das Motiv wechselt. Um den Grand Canyon zu begreifen, sagen sie, müsse man ihm auf den Grund gehen.

„Hi, there." Ein Cowboy war aus einem Kleinlaster gesprungen. „Es wird fantastisch. Es wird großartig. Sie werden einen wunderbaren Tag haben." Gleich würde ein Wrangler, ein Mule-Wrangler, kommen, mitsamt dem Tier. Wie sich herausstellte, hatte an diesem Morgen niemand sonst den Ritt in die Schlucht gebucht. Was nur zu verständlich war. Denn es war kalt. Empfindlich kalt. Schnee und Eis lagen entlang der Klippe und in dicker Kruste auf dem Pfad, dem Bright Angel Trail, der in Serpentinen steil zum Fluß hinunterführt. Zu Fuß hätte man ihn bei solchen Verhältnissen nicht gehen wollen. „Die Tiere wissen, was sie tun. Denken Sie einfach, Sie hätten den Autopiloten eingeschaltet", sagte der Cowboy.

Seit fast hundert Jahren werden Ausflüge mit dem Muli in den Grand Canyon angeboten. Auf alten Bildern macht es den Eindruck einer andächtigen Prozession, wenn sich die Gruppe von Reitern den schmalen Pfad hinunterschlängelt. Und es liegt ein Moment von Würde über den Szenen, wenn Herren im Anzug und Damen in langen Röcken am Plateau Point zum Picknick beieinandersitzen und -stehen. Dort endeten früher alle Exkursionen, knapp tausend Meter unter den bekannten Aussichtspunkten, wiederum die Kante einer Klippe, von der aus man nicht länger über, sondern nun in die Schlucht schaut. Heute ist der Plateau Point noch immer das Ziel vieler Tagestouren. Wer die anstrengende Wanderung oder den Ausflug hoch zu Muli scheut, wird vielleicht von der Terrasse des Lookout Studios aus die Gruppen verfolgen wollen. Auch dies hat Tradition. Schon früh wurden dort auf Stativen zunächst gigantische Ferngläser installiert, später immerhin noch große, um die Tiefe in die Höhe holen zu können. Fred Harvey hat sie aufstellen lassen, um auch an denen zu verdienen, die keines seiner Mulis mieten wollten.

Und er hatte etliche Ideen mehr. Fred Harvey, der mit seinen Hotels und Restaurants um 1900 damit begann, den amerikanischen Südwesten für den Tourismus zu erobern, war auch maßgeblich an der Erschließung des Grand Canyons beteiligt. Fast das gesamte Grand Canyon Village geht auf seine Bauarbeiten zurück. Und heute ziert sein Schriftzug sogar die Abschleppwagen, die bei fünfzehn Grad unter Null auf den Parkplätzen des Grand Canyons Starthilfe geben.

Mit einem Fuß in der Wildnis, mit dem anderen in luxuriösen Hotels, konnten Harveys Gäste das Gefühl des Grandiosen auf zwei völlig unterschiedlichen Ebenen spüren. Ein bisschen sollten sie zittern, ein bisschen durften sie schwelgen. Mit dieser Ambivalenz trieb Harvey ein geniales Spiel. „Sollte das Maultier ausrutschen, wäre alles vorbei", warb er 1909 in einem Prospekt für seine Reit-Arrangements zum Plateau Point. „Aber das Maultier rutscht nicht aus. Der Pfad ist nie so schmal und so steil, wie Sie ihn beschreiben werden, wenn Sie wieder zu Hause sind."

Endlich war auch der Wrangler eingetroffen, auf einem Muli. Ein zweites zog er am Zügel nebenher. „I'm Dave. Your guide. This is B." Wie sein Maultier hieß, sagte er nicht. Vermutlich A, dachte ich. Einen Moment lang standen wir schweigend herum. Dann stieg ich auf. Keine Minute später war der Rand der Klippe weit über uns. Die Straße, die Autos, die Hotels und Souvenirläden – all dies war binnen eines Wimpernschlags bloß noch Erinnerung an eine ferne Welt, während Dave auf Indianerzeichnungen im Fels, vier Kondore am Himmel, die Spur eines Berglöwen im Schnee und drei Bighorn-Schafe in einem Geröllfeld zeigte. Zügig ging es bergab. Die Vegetation beschränkte sich nur mehr auf kleine, verkrüppelte Büsche. Obwohl wir im Schatten der Steilwand ritten, wurde es schnell merklich wärmer. Und als wir Indian Gardens erreichten, eine Oase inmitten der staubigen, steinigen Landschaft, waren wir – klimatisch betrachtet – von Kanada nach Mexiko geritten. Bis zu fünfzehn Grad Unterschied sind es vom oberen zum unteren Ende der Schlucht.

„Warum kommen all die Menschen hierher?", wollte ich von Dave wissen, der mehrmals in der Woche Gruppen auf Maultieren zum Plateau Point führt und einmal in der Woche zur Phantom Ranch am Grund der Schlucht, einem Hotel, dort, wo der Bright Angel Creek in den Colorado mündet und wohin auch wir unterwegs waren. Er schien verblüfft. Als dürfe man eine solche Frage nicht stellen. Er gab sie weiter an zwei Wanderer, die uns entgegenkamen. „Wir können nur für uns sprechen", sagten sie. Das klang komplizierter, als es dann wurde: „Wir wollen alles sehen. Und der Grand Canyon ist ein Teil von allem."

Mit jedem Meter, den es hinunterging, und mit jeder Biegung des Wegs wurde die Landschaft des Grand Canyons vertrauter. Mit Gewöhnung hatte das nichts zu tun; im Gegenteil. Es war, als kippte die

Landschaft ganz allmählich in ein geläufiges Raster, als springe die Perspektive zurück in jenen Winkel, aus dem wir die Welt gewöhnlich wahrnehmen. Oben und unten hatten wieder den richtigen Platz eingenommen; es war, als seien wir in den Bergen. Die Kante der Klippe, weit über uns, sah nun aus wie ein Höhenzug, die Spitzen der erodierten Landschaft wurden zu Gipfeln eines weiten Gebirges. Die Schlucht mit dem reißenden Fluß war zum Tal geworden, hinter dessen steilen Wänden man sich wider besseres Wissen ein nächstes und ein übernächstes Tal samt Seitentälern vorstellte. Nichts ließ von unten darauf schließen, dass sich oben, unmittelbar hinter dem Knick, eine Welt bretteben bis zum Horizont ausbreitet.

Alles, was den Blick auf den Canyon ausmacht, galt hier unten nicht mehr: dass man Entfernungen nicht einschätzen kann, dass sich Details im Gesamteindruck verlieren, dass man meint, der Erde in ihre Eingeweide zu schauen, in einen Riss, eine Wunde, einen Eingang vielleicht auch in die fremde, ferne Welt des Ursprungs allen Lebens oder eben des Ausgangs in unsere Wirklichkeit, wie er in vielen Indianer-Mythen beschrieben wird. Aber eben weil man nun alles deutlicher wahrnimmt, klarer sieht, gewinnt die Landschaft zwar an Schönheit – verliert aber ihr Geheimnis. „Du musst länger bleiben", sagen nun wiederum jene, die den Grand Canyon von oben, von unten und von tagelangen, gar wochenlangen Wanderungen kennen. „Dann kommt der Zauber zurück, nein: Dann erst entfaltet er sich überhaupt." Manche behaupten, man spüre dort den Herzschlag des Universums. Zahllose Mythen ranken sich denn auch um jene Wanderer, die nie zurückgekommen sind, bis hin zu der Vermutung, sie seien nicht umgekommen, sondern haben sich für ein Leben in der Schlucht entschieden: Glen und Bessie Hyde etwa, die Ende der zwanziger Jahre aus ihrer Hochzeitsreise auf dem Colorado ein Medienereignis hatten machen wollen, oder Everett

Ruess, einem Poeten, der in den dreißiger Jahren im Canyon verschwand. Umso erstaunlicher, dass sich die Anhänger der New-Age-Bewegung keine Orte im Grand Canyon als Treffpunkte gewählt haben. „Denen sind die Wege zu steil, die Wanderungen zu anstrengend", glauben die Park Ranger.

In drei Stunden hatten wir die Phantom Ranch erreicht. Fred Harvey hat sie bauen lassen, 1922, damit er seine „Mule-Rides" verlängern konnte. Da war der Nationalpark gerade drei Jahre alt und die Parkordnung noch weniger streng als heute. Dezenter freilich hätte die Anlage nicht geplant werden können. Rund um das Haus mit der Küche und dem Restaurant stehen kleine Häuschen, wie man sie den Kuhhirten auf das Gelände einer Ranch stellt. Halb aus Stein, halb aus Holz gebaut. Mary Jane Colter hat sie entworfen, und es gilt für die Phantom Ranch, was auch oben am Canyonrand die von ihr entworfenen und von Fred Harvey betriebenen Souvenirläden „Hopi House", „Hermit's Rest" und „Watchtower" sowie das „Lookout Studio" auszeichnet: dass man dahinter keinen Entwurf vermutet, sondern glaubt, Trapper, Rancher und Indianer hätten sie nach eigenem Gusto und mit dem Material der Umgebung vor hundert oder gar Hunderten von Jahren gebaut.

Die Möbel sind schlicht, das Essen ist deftig. Wenn um fünf Uhr nachmittags die Glocke zum Essen ruft, warten die tellergroßen Steaks schon auf dem Tisch. An langen Tafeln sitzt man in fremder Runde. Die meisten Gäste sind Wanderer; wer mit dem Maultier gekommen ist, gerät schon fast in Begründungsnot, als verderbe man sich ohne die Anstrengung den Spaß an der Landschaft – dabei waren ja alle bisher nur bergab gelaufen und hatten den beschwerlichen Teil erst vor sich.

Aber vielleicht ist es ja so: dass der Abstieg in den Grand Canyon als eine Art Reinigung der Seele verstanden wird; als ob man mit jedem Schritt auch tiefer in sich selbst dringe, in der Hoffnung, als jemand anderes hinaufzukommen. Es tue gut, sich manchmal seiner eigenen Kleinheit bewusst zu werden, sagte jemand, als wir schon dabei waren, die Maultiere zu bepacken. Der Grand Canyon sei das Mekka der Ungläubigen, formulierte es eine junge Frau noch schärfer. Obwohl sie dabei lächelte, schien ihr der Gedanke ernst. Tatsächlich hat die Landschaft ja mehr als einmal religiöse Empfindungen wachgerufen. Weshalb sonst hätte man den auffälligsten Steinformationen Namen wie Vishnu Temple und Wotan's Throne, Buddha Temple, Zoroaster Temple und Tower of Ra gegeben?

Unser Aufstieg wurde zu einem Wettlauf gegen das Wetter. Drei Tage lang war der Schneesturm angekündigt. Angesichts des blauen Himmels und der sternenklaren Nächte fiel es schwer, daran zu glauben. Doch die Meteorologen behielten recht. Wie ein Gespenst näherte sich die Wolke. Zunächst war sie nur ein Schleier am Horizont, da waren wir auf halber Höhe, diesmal auf dem South Kaibab Trail, der kürzer ist, als es der Abstieg war, aber steiler und ausgesetzter. Bald umschlang die Wolke wie mit ausgebreiteten Armen das ganze Land. Erst fiel sie in die Schlucht, dann quoll sie auf, stieg wieder hinauf, und als die ersten Schneeflocken fielen, waren wir bereits völlig vom Nebel umgeben. Schluss mit der majestätischen Landschaft, Schluss mit dem Ausblick in die Tiefe. Unten im Canyon würde es jetzt wohl regnen. Uns aber trieb der Wind den Schnee ins Gesicht, in die Ärmel, in den Kragen. Es wurde ungemütlich. Alle Theorie zählte nicht mehr. Einen letzten Blick auf die Landschaft würde es nicht mehr geben. Ein Vorhang hatte sich geschlossen.

Ein wenig war es der Zufall, mehr jedoch die lebensgroße Bronzestatue eines Cowboys, der dick eingehüllt auf einem Pferd sitzt und dem der Wind gleich seinen Hut fortzublasen scheint, die uns in Downtown

Scottsdale, einem der Orte im Ballungszentrum von Phoenix, in eine Galerie trieb. Es war eine jener amerikanischen Kunsthandlungen, die in barockem Durcheinander Dutzende von Gemälden über- und nebeneinander an den Wänden hängen haben, manches neu, manches alt, das meiste figurativ, nur da und dort Andeutungen von Abstraktion, wenn Menschen und Landschaften sich zu Farbflächen vereinen. Viele der Bilder zeigten Cowboys und Indianer, auf dem Kriegspfad die einen, bei der Arbeit die anderen, einige der Bilder beschäftigten sich mit der verzaubernden Leere der Wüsten des Südwestens, den roten Felsen und dem schwarzen Himmel über der Mesa – und manche zeigten den Grand Canyon. Kaum dass ich vor einer der Arbeiten stehengeblieben war, sprang die Galeristin herbei. „Huertas Aguiar", sagte sie. „Er ist großartig. Ein Argentinier."

Es war ein gewaltiges Bild. Über zwei Meter entfaltete sich im schweren Goldrahmen das Panorama der zerklüfteten, zerrissenen Landschaft wie ein in Stein gehauenes Gewitter. Man glaubte ein Grollen zu vernehmen. Und erst die Farben: so kräftig, als leuchteten die Felsen von innen, als blitzten die Wände auf. „It's so dramatic", sagte die Galeristin. Der Preis von neunhundertneunzig Dollar widersprach dem Eindruck, den der Titel „Grand Canyon # 782" hätte erwecken können; nämlich, dass es sich um Konfektionsware handele. „Oh no", sagte die Galeristin. Dann schloss sie die Augen, hob den Zeigefinger, bat um einen Moment Geduld, ging zum Lichtschalter und drehte am Dimmer. Ganz langsam. Und während die Deckenstrahler an Kraft verloren, verwandelte sich allmählich die Landschaft. Aus Rot wurde Violett. Aus Blau wurde Schwarz. Als senke die Nacht sich über die Schlucht. Es war gespenstisch. „Wenn Sie das gesehen haben", sagte die Galeristin, „können Sie sich den Weg zum Grand Canyon sparen."

Willa Cather
Der Tod holt den Erzbischof

Am dritten Tag seines Besuchs bei Eusabio schrieb der Bischof einen etwas formellen Brief, in dem er seinen Vikar zurückrief, und ging dann auf seinen täglichen Spazierweg in die Wüste. Er blieb bis zum Sonnenuntergang fort, als der Wind sich beruhigte und die Luft sich zu kristallener Schärfe klärte. Bei seiner Rückkehr hörte er – noch etwa eine Meile oder sogar mehr flussaufwärts – den tiefen Ton einer Trommel aus Balsampappelholz, die sanft geschlagen wurde. Er vermutete, der Ton käme aus Eusabios Haus, und sein Freund sei zu Hause. Er folgte seinen eigenen Fußspuren zur Siedlung zurück und fand Eusabio neben seinem Hauseingang sitzend; er sang in der Navajo-Sprache und schlug dazu leise auf das eine Ende seiner Trommel. Vor ihm tanzten zwei sehr kleine Indianerjungen – etwa vier oder fünf Jahre alt – zur Musik auf dem festgetretenen Boden. Zwei Frauen, Eusabios Ehefrau und seine Schwester, sahen aus dem tiefen Dämmerlicht der Hütte zu.

Die kleinen Jungen bemerkten das Kommen des Fremden nicht. Sie waren ganz in ihrem Tun versunken, ihre Gesichter waren ernst, ihre schokoladenbraunen Augen halb geschlossen. Der Bischof blieb stehen und beobachtete die fließende, geschmeidige Bewegung ihrer Arme und Schultern, den sicheren Rhythmus ihrer kleinen, in Mokassins steckenden Füße, nicht größer als ein Balsampappelblatt, wie sie ohne ein Wort der Anleitung der unregelmäßigen und merkwürdig akzentuierten Musik folgten. Eusabio selbst hatte einen Ausdruck von religiösem Ernst. Er saß da, die Trommel zwischen den Knien, die breiten Schultern vornübergebeugt; eine karminrote banda bedeckte seine Stirn und hielt sein schwarzes Haar zusammen. Das Silber an seinen dunklen Handgelenken blinkte, wenn der Schlegel auf den Trommelkopf schlug oder er einfach mit den Fingern darauf klopfte. Nachdem das Lied beendet war, stellte er die beiden kleinen Jungen, seine Neffen, mit ihren indianischen Namen – Adlerfeder und Medizin-Berg – vor und entließ sie mit einem Kopfnicken. Sie verschwanden im Haus. Eusabio übergab die Trommel seiner Frau und ging mit seinem Gast fort.

„Eusabio", sagte der Bischof, „ich möchte Pater Vaillant einen Brief nach Tuscon senden. Ich werde Jacinto damit hinschicken, vorausgesetzt, dass Ihr einen Eurer Leute entbehren könnt, der mich nach Santa Fe zurückbegleitet."

„Ich werde selbst mit Euch zur Villa reiten", sagte Eusabio. Die Navajos nannten die Hauptstadt immer noch bei ihrem alten Namen.

Und so wurde Jacinto am nächsten Morgen nach Süden geschickt, und Pater Latour und Eusabio ritten mit einem Packtier nach Osten.

Der Ritt zurück nach Santa Fe betrug nicht ganz vierhundert Meilen. Das Wetter wechselte zwischen Sandstürmen, die alle Sicht nahmen, und strahlendem Sonnenschein. Der Himmel war so voller Bewegung und Veränderung, wie die Wüste unter ihm bewegungslos und still war. Der Himmel war riesengroß, größer als auf See, größer als irgendwo sonst auf der Welt. Man hatte die Ebene unter den Füßen, aber wenn man um sich schaute, sah man diese strahlend blaue Welt aus schneidend scharfer Luft und bewegtem Gewölk. Sogar die Berge waren nicht mehr als Ameisenhügel darunter. Anderswo ist der Himmel das Dach der Welt; hier aber war die Erde der Boden des

Himmels. Die Landschaft, nach der man sich sehnte, wenn man weit fort war, das, was einen umgab, die Welt, in der man in Wahrheit lebte, war dieser endlose Himmel.

Mit Eusabio zu reisen war, als reiste man mit der Mensch gewordenen Landschaft. Er nahm den Zufall und das Wetter hin mit einer Art ernsthafter Freude. Er sprach wenig, aß wenig, schlief irgendwo, behielt sein offenes und freundliches Verhalten, und wie Jacinto war er von nie versagenden guten Umgangsformen. Der Bischof war überrascht, dass er so oft am Wege hielt und Blumen pflücken wollte. Eines Morgens kam er mit den Maultieren zurück und hielt einen Strauß karminroter Blumen in der Hand – lange röhrenförmige Glocken, die leicht an einer Seite eines nackten Stängels hingen und im Wind zitterten.

„Indianer nennen sie Regenbogenblumen", sagte er, indem er sie hochhielt und die roten Röhren zittern ließ. „Es ist früh für sie."

Wenn sie den Felsen oder den Baum oder die Sanddüne verließen, die ihnen während der Nacht Schutz geboten hatten, war der Navajo sorgfältig darum bemüht, jede Spur ihrer zeitweiligen Beschäftigung dort zu verwischen. Er vergrub die Holzkohle und die Speisereste, nahm die Steine auseinander, die er angehäuft hatte, füllte die Löcher, die er in den Sand gegraben hatte. Da Jacinto genauso verfuhr, schloss Pater Latour daraus, dass, so wie der weiße Mann sich jeder Landschaft zu vergewissern sucht, indem er sie ein wenig verändert oder zumindest ein Zeichen zur Erinnerung an seinen Aufenthalt zurücklässt, es der Art der Indianer entsprach, durch eine Landschaft hindurchzugehen, ohne irgendetwas in ihr zu stören, durch sie hindurchzugehen und keine Spur zu hinterlassen wie Fische im Wasser oder Vögel in der Luft.

Es war Indianerart, in der Landschaft zu verschwinden, nicht sich gegen sie abzuheben. Die Hopi-Dörfer, die sich auf die Felstafeln gesetzt hatten, waren so angelegt, dass sie aussahen wie der Felsen selbst, auf dem sie saßen, dass sie aus der Entfernung nicht wahrnehmbar waren. Die Navajo-Hütten zwischen Sand und Weiden waren aus Sand und Weiden gemacht. Keiner der Pueblos hätte zu jener Zeit Glasfenster in den Wohnungen zugelassen. Der Widerschein der Sonne auf der glänzenden Fläche erschien ihnen hässlich und unnatürlich – ja, sogar gefährlich.

Außerdem lehnten diese Indianer alles Neue und jede Veränderung ab. Sie kamen und gingen auf den alten Pfaden, die schon die Füße ihrer Vorfahren in den Fels getreten hatten, benutzten die alten natürlichen Steintreppen, um zu ihren Mesa-Städten hinaufzuklimmen, sie trugen das Wasser aus den alten Quellen hinauf – sogar noch, nachdem die Weißen Brunnen gegraben hatten.

Bei der Bearbeitung von Silber oder dem Schleifen von Türkisen bewiesen die Indianer unerschöpfliche Geduld; auf ihre Decken, Gürtel und zeremoniellen Gewänder wandten sie all ihre Kunstfertigkeit und große Mühe. Aber ihre Vorstellung vom Dekorativen erstreckte sich nicht auf die Landschaft. Sie schienen den Wunsch des Europäers, die Natur zu beherrschen, sie einzurichten und neu zu schaffen, nicht zu kennen. Vielmehr verwendeten sie ihre Einfallskraft in anderer Richtung: darauf, sich selbst dem Schauplatz, indem sie sich befanden, anzugleichen. Das taten sie wohl nicht aus Trägheit, dachte der Bischof, sondern aus einer ererbten Behutsamkeit und Achtung. Es war, als ob das große Land schliefe, und als wollten sie ihr Leben weiterführen, ohne es aufzuwecken; oder als ob die Geister von Erde, Luft und Wasser Wesen seien, die man nicht feindlich stimmen und gegen sich aufbringen sollte. Wenn sie jagten, so geschah dies mit der gleichen Umsicht; eine indianische Jagd war niemals ein Gemetzel. Sie vergewaltigten weder die Flüsse noch den Wald, und wenn sie das Land bewässerten, nahmen sie nur so viel Wasser, wie sie brauchten. Sie behandelten die Landschaft und alles, was sie enthielt, voller Rücksicht; da sie nicht verbessern wollten, entweihten sie auch nie.

Als Pater Latour und Eusabio sich Albuquerque näherten, trafen sie hin und wieder auf Menschen: Indianer, die auf den langen gewundenen Pfaden über die Ebene oder hinauf zu den Sandia-Bergen gingen oder von dort kamen. Sie hatten alle die gleiche Art, sich zu bewegen, ob sie nun schnell oder langsam gingen, und alle das gleiche unaufdringliche Verhalten: In ihre bunten Decken gewickelt auf ihren Maultieren sitzend oder neben ihnen hergehend, drangen sie durch das bleiche, knospende Salbeigestrüpp und schlängelten sich zwischen den Sanddünen hindurch, als sei es ihre eigentliche Sache, ungesehen und ungehört eine Landschaft zu durchqueren, die gerade mit dem Frühling erwachte.

Nördlich von Laguna eilten zwei Zuñi-Läufer in „Indianerangelegenheiten" auf dem Weg nach Osten an ihnen vorbei. Sie grüßten Eusabio durch Gesten mit der offenen Handfläche, blieben aber nicht stehen. Sie rannten mit der Leichtfüßigkeit junger Antilopen, ihre Körper verschwanden und tauchten wieder zwischen den Sanddünen auf wie die Schatten, die Adler in ihrem kraftvollen, gemächlichen Flug werfen.

Freddy Langer
Pilger der Wildnis. Everett Ruess

Es passiert immer wieder, dass Wanderern im Gehen die Welt nicht kleiner, sondern größer wird, so groß, dass sie schließlich darin verschwinden. Manche von ihnen wurden berühmt. Der Bergsteiger George Mallory etwa, dessen Spuren sich 1924 in den Flanken des Mount Everest verloren haben. Oder der Landstreicher Chris McCandless, der in der Wildnis Alaskas ums Leben kam und dem Jon Krakauer ein Buch widmete. Um kaum einen aber spann sich ein größeres Mysterium als um den jungen Amerikaner Everett Ruess.

Erst sechzehn Jahre alt, war Ruess ausgezogen, um in die Canyons und Wüsten Utahs einzutauchen, in den „tiefen Frieden der Wildnis“, wie er in seinem letzten Brief im November 1934 an seinen Bruder schrieb. „Ich kann mir nicht vorstellen, meinem Wanderleben jemals abzuschwören. Ich bin zu tief in die Geheimnisse des Lebens vorgedrungen und würde so ziemlich alles einer Rückkehr ins Leben der Mittelmäßigkeit vorziehen.“ Da war er bereits vier Jahre lang unterwegs. Man hörte nie wieder von ihm.

Manchmal lebte Ruess bei Indianern, einmal half er bei archäologischen Arbeiten in der Region. Die meiste Zeit aber streifte er allein zwischen dem Grand Canyon und dem Canyon de Chelly, dem Zion National Park und Monument Valley umher – zu einer Zeit, als diese Landschaften noch kaum ein Weißer kannte. Tausende von Kilometern legte er zu Fuß zurück, begleitet nur von seinen Eseln, auf deren

Rücken er seine wenigen Habseligkeiten gepackt hatte. Geschirr und ein paar Lebensmittel, seinen Schlafsack, den Fotoapparat. Ein Zelt hatte er nicht dabei. Stattdessen übernachtete er in den Puebloruinen der Anasazi, in verlassenen Hogans, den runden Hütten der Navajos, oder unter dem Sternenhimmel. Manchmal lud er sich mit fröhlicher Unbefangenheit bei Indianern ein. Oft begegnete er wochenlang keinem Menschen.

Unterwegs machte er Zeichnungen und malte Aquarelle, die er später, zu Besuch bei seinen Eltern in Los Angeles, in wunderbare Holzschnitte übertrug, die er wiederum in Ausstellungen zeigte und mit denen er sogar einige Preise gewann. Eher selten verkaufte er unterwegs die eine oder andere Skizze; dann bezahlte er damit den Proviant für die nächsten Wochen. Häufiger wartete er in winzigen Postämtern auf telegrafische Geldanweisungen seiner Eltern. Gerade beim Zeichnen wurde ihm klar, wie sehr man an der grandiosen Landschaft auch leiden kann. „Das Schöne an sich ist schrecklich und unerträglich, der ungetrübte Anblick des Schönen tötet den Betrachter“, notierte er. „Die bildende Kunst jedenfalls hat es im Monument Valley schwer.“

Dafür, dass ihm Suche nach Schönheit zum Lebensziel geworden war, wurde er auch von denen verehrt, denen die oft naive Romantik und das bisweilen spätpupertäre Pathos keineswegs verborgen blieb. „Ästhetizismus als Salonpose ist lächerlich und grenzt ans Obszöne, als Lebensform erlangt sie jedoch zuweilen Würde“, nahm ihn der Schriftsteller Wallace Stegner in Schutz und sagte, dass wer sich über ihn lustig mache, auch John Muir nicht ernst nehmen dürfe. Andere erwähnen ihn in einem Atemzug mit Henry David Thoreau und Walt Whitman, den anderen großen amerikanischen Naturaposteln.

Everett Ruess kam aus gutem Haus, wobei schon die Eltern ein nomadisches Leben führten – bevor sie sich in Los Angeles niederließen, hatten sie unter anderem in Oakland, Boston, New York und Indiana gelebt. Interessiert waren sie an jeder Form von Kunst. Beide schrieben Gedichte, und die Mutter gab eine kleine Literaturzeitschrift heraus. In seinen Briefen würde Ruess sich später mit ihr über Romane austauschen, anderen schrieb er über klassische Musik, die er in Konzerten gehört hatte und an die er sich in den einsamen Landschaften erinnerte. Zugang zur Fotografie schaffte er sich selbst, während eines monatelangen Streifzugs von Los Angeles aus die Pazifikküste hinauf und anschließend durch die Sierra Nevada und das Yosemite Tal. Unterwegs schloss er Freundschaft mit Edward Weston und drängte sich in den Künstlerkreis um Dorothea Lange und Ansel Adams – schon damals berühmte Fotografen. Die eine porträtierte ihn, der andere lobte ihn für seine schwarz-weißen Landschaftsfotografien. Vielleicht war es auch das, was ihn bewog, tiefer in die Wildnis vorzudringen, in die große amerikanische Wüste.

In Everett Ruess verband sich die Leidenschaft für die Schönheiten der Natur mit einem unzähmbaren Drang zum Abenteuer. Von zwei möglichen Wegen, sagte er, habe er immer den gewählt, vor dem man ihn gewarnt hatte. Und ungesichert durchkletterte er wohl Dutzende von senkrechten Wänden der Canyons. Dass er dabei dem Tod ein ums andere Mal in die Augen schaute, gehörte zu seinem verwegenen Spiel, das er „einen Flirt mit dem alten Clown" nannte. „Oh, ich habe so intensiv gelebt", nahm er den eigenen Nachruf vorweg.

Everett Ruess hatte nicht schlecht an seinem Mythos gearbeitet. Neben den bezaubernden Bildern hinterließ er auch eine Reihe von Gedichten. Aber er feilte mit poetischer Präzision vor allem an seinen zahllosen Briefen, die er von Postämtern im vermeintlichen Nichts, aus Chinle oder Lulachkai, Wildyrie und Chilchinbetoh an Freunde und Verwandte schickte. Landschaftsschilderungen und Erlebnisse, Begegnungen und Selbstreflexionen wechseln darin einander ab. „Ich werde ewig weiterwandern. Und wenn meine Zeit gekommen ist und der Tod naht, werde ich den abgelegensten, einsamsten, verlassensten Ort aufsuchen", prophezeite er einmal. Und in einem seiner letzten Briefe schrieb er: „Wenn ich gehe, hinterlasse ich keine Spuren." Die Legendenbildung ließ nicht auf sich warten.

Nachdem seine Eltern monatelang nichts von ihm gehört hatten, schickten sie im Frühjahr 1935 einen Suchtrupp auf den Weg. In der Davis Gulch fand man sein wohl letztes Lager. Es ist eine enge Schlucht im Süden Utahs, jener dramatischen Landschaft zwischen dem Escalante Canyon und dem Kaiparowits Plateau, die zu den am schwersten zugänglichen Regionen Nordamerikas zählt und die überhaupt erst in unseren Tagen kartografiert worden ist. Die Wände sind so steil und oft von Felsvorsprüngen überdacht, dass es nur an einem Ende der Davis Schlucht, nahe dem Lake Powell, einen Pfad hinunter gibt, schon in historischen Zeiten in den Fels geschlagen.

Während sich oben staubige Wüste ausbreitet, wähnt man sich unten entlang des Bachs in einer Oase. Neben Kakteen, so berichten die, die dort gewesen sind, gibt es Zwergeichen und Espen, in denen Vögel zwitschern, und an den feuchten Felswänden wachsen Gräser, Moose und Frauenhaar. In manchen Nischen sind Reste der Behausungen erhalten, die von den Kayenta-Anasazi hier vor neunhundert Jahren errichtet wurden. Im Sand finden sich noch immer Tonscherben. In die Felswände sind Petroglyphe geritzt, darunter das Bild eines riesigen Donnervogels.

Der Suchtrupp stieß auf leere Milchkonserven und Bonbonpapiere, sogar auf den Abdruck eines Schlafsacks. Das Gepäck fehlte, aber ganz in der Nähe, so heißt es in einem der Berichte, hätten noch munter die Esel von Everett Ruess gegrast, eingepfercht hinter einem aus Zweigen geflochtenen Zaun. Und im Fels fand man einen letzten Gruß. „Nemo 1934", von Ruess in den roten Sandstein geritzt: „Niemand" – vermutlich eine Anspielung an Jules Vernes Kapitän aus dem Roman „Zwanzigtausend Meilen unter dem Meer", ebenfalls ein Zivilisationsflüchtling. Das sah nach der großartigen Inszenierung eines Abschieds aus. Sollte er Selbstmord begangen haben?

Schnell entspannten sich zahlreiche Theorien: Manche glaubten, Ruess sei beim Klettern abgestürzt oder in einem Fluss ertrunken. Andere vermuteten, Viehdiebe hätten ihn ausgeraubt und ermordet. Dann tauchte irgendwann ein Foto auf, das angeblich ihn gemeinsam mit einer Indianerin und zwei kleinen Kindern zeigte – auf die Rückseite soll er geschrieben haben: „Meine Navajo Frau." Aber in keinem Reservat wusste man etwas über seinen Verbleib. Am Ende hielt sich hartnäckig der romantisch beseelte Glaube, Everett Ruess sei noch immer in der nackten Landschaft Utahs unterwegs: ein Pilger der Wildnis, ein atavistischer Wanderer der Wüsten. Für Generationen amerikanischer Naturfreunde wurde er zu einer Heilsfigur; seine Briefe und Tagebücher, in etlichen Auflagen erschienen, waren ihr Glaubensbekenntnis. Und sie hatten sogar ihre eigene Redensart, wenn sie loszogen, schwer bepackt, um sich tagelang, wochenlang in der labyrinthischen Welt der roten und gelben Sandsteinwüste zu verlieren: „Ich suche Everett Ruess."

Dann, erst in unseren Tagen, wurde er tatsächlich entdeckt. So wenigstens wurde es gemeldet. Im Mai 2008 hatte der Navajo Denny Bellson in einer Felsspalte der Comb Ridge, nahe der Städte Bluff und Blanding, nach wochenlanger Suche ein Skelett gefunden. Sein Großvater hatte von einem Verbrechen erzählt, das er beobachtet und zeitlebens als Geheimnis für sich behalten habe. Vom Kamm eines Bergs aus hatte er gesehen, wie drei Indianer vom Stamm der Ute einen jungen Mann verfolgt, erschlagen und ausgeraubt hatten. Er selbst habe die Leiche ein wenig später bestattet. Seine Enkelin hatte er schon Anfang der siebziger Jahre an den Ort geführt; angeblich, um mit einer Locke des Leichnams einen Zauberbann zu lösen. Auch sie hatte geschwiegen – bis sie sich, mittlerweile selbst fünfundsechzig Jahre alt, ihrem jüngeren Bruder, eben Denny Bellson, anvertraute.

Das Interesse des FBI an dem Toten war gering, sie hielten die Gebeine für die eines Indianers und zerbrachen bei ihrer kurzen Inspektion sogar den Schädel. Aber nachdem der Chefarchäologe der Navajo die verblichenen Knochen an das anthropologische Institut der Universität von Colorado weitergereicht hatte, wurde die Redaktion des Magazins „National Geographic Adventure“ hellhörig und sorgte dafür, dass die Reste der Leiche gründlich untersucht wurden. Vergleiche der wieder zusammengefügten Kieferpartie mit einer Porträtaufnahme von Everett Ruess aus dem Jahr 1933 ergaben einen ersten Anhaltspunkt, DNS-Abgleiche mit Nichten und Neffen des Aussteigers führten zu überzeugend vielen Übereinstimmungen. Die Indizien gelten als „unwiderlegbar“, meldete die Universität von Colorado endlich im Mai 2009.

Die Lösung des Geheimnisses um Everett Ruess war den amerikanischen Medien Schlagzeilen, Titelgeschichten und ausführliche Fernsehberichterstattung wert. Dem Mythos des besessenen Einzelgängers konnte die Entdeckung seiner Leiche nichts anhaben; im Gegenteil. Den treuesten Mitgliedern seiner Gemeinde aus Naturschützern und Späthippies wäre das Grab in der Einöde vielleicht sogar zu ihrem Wallfahrtsort geworden. Dann jedoch kam noch im Herbst desselben Jahres das Armed Forces Institute of Pathology nach einer eigenen Untersuchung der Knochen zu dem Schluss, dass sie nicht Everett Ruess gehörten. Seither schwebt sein Geist wieder ungestört über den roten Felsen und Schluchten.

Everett Ruess
Briefe aus den Canyons

Kayenta, Arizona, 2. Mai

Liebe Mrs. Ormond,
der Polarforscher Vilhjalmur Stefansson sagt, es sei ein Zeichen von Leichtsinn und Unwissenheit, wenn man sich ins Abenteuer stürzt. Er hat größtenteils sicherlich recht, trotzdem liebe ich das Abenteuer und gehe auch gerne mal ein Risiko ein, das Geschicklichkeit und Seelenstärke erfordert. Ohne Abenteuer würden wir niemals erfahren, welches „Zeug“ in uns steckt.

Gestern Nacht hatte ich ein erfüllendes Abenteuer. Leopard und Cockleburrs, meine Esel, habe ich nun schon zwölf Tage, und langsam wissen sie, wie das Spiel geht. Die gestrige Wanderung war die längste bisher – wir haben ganze fünfundzwanzig Meilen geschafft. Im Morgengrauen sah ich den roten Mond untergehen, er hatte einen Hof, und ich musste an „Hesperus“ denken. Kurz nach Sonnenaufgang sattelte ich die Esel und ritt gegen den brausenden Wind an. Der Agathla Peak und die Felsen des Monument Valley waren im Sandsturm fast nicht zu sehen. Das weite Meer aus Taglilien wurde vom Wind gepeitscht. Der hellrote Sand kräuselte sich in Wellen auf dem Weg und verwischte fast die Spur.

Am Vormittag kämpften wir weiter gegen den Sturm an, am frühen Nachmittag machte ich Mittagspause. Die Esel bekamen ein paar Handvoll Hafer, dann weideten sie in den Grasbüscheln. Futter gibt es reichlich dieses Jahr. Ich kaute Dörrfleisch und las in

„Der Tod kommt zum Erzbischof", ein sehr gutes Buch über die Pionierjahre im Südwesten.

Dann ritt ich weiter. Eine Zeit lang war ich ganz fröhlich, ich sang lauthals wundervolle Melodien in den Wind, die mir in den Sinn kamen. Dann wurde der Himmel schwarz, und ich musste immer wieder „Sintlo, Kelly, dill yage!" schreien und die Esel antreiben. Wir kamen direkt an dem erhabenen Buckel des Agathla Peak vorbei, der im Volksmund El Capitan heißt, und ich musste ein Bild malen. Ein prächtiger Felsen, mit Spitzen und Zinnen aus schwarzem Vulkangestein! Ich machte mir nicht die Mühe, die Skizze fertigzustellen, doch es wurde sowieso schon dunkel, und zum Lager waren es noch fünf, sechs Meilen.

Ich stieg bald ab und führte beide Esel am Strick; dabei musste ich ziemlich schreien, bis sie schließlich zügig trabten. Bei Einbruch der Nacht waren wir in der Mitte eines breiten, ebenen Tals. Ich trieb die Esel zum Kanter an, und wir erklimmen den gegenüberliegenden Hang. Die Nacht war nicht sehr dunkel, und es war nur mehr ungefähr eine Meile zu einem Hogan, den ich kannte, also trieb ich die Esel zur Eile an. Und gerade als ich an dem Steinhaufen angekommen war, wo ich abbiegen wollte und von wo aus es nur noch ein paar hundert Yards waren, sprangen die Esel auf und davon in die Nacht.

Es war bestimmt Leopards Idee, doch Cockleburrs machte sofort mit, und mit einem Schlag waren die beiden weg. Ich rannte suchend durch die Gegend, bis meine Lungen brannten, da hörte ich in der Dunkelheit das Rumpeln der herabfallenden Ladung. Die Esel hatten für ihre Flucht einen strategisch günstigen Zeitpunkt gewählt. Im Dunkeln stolperte ich hinterher und sammelte ein paar Satteldecken auf, die heruntergerutscht waren.

Ich ging immer weiter zum Bach, fand aber keine Spur von den Eseln. Vielleicht hatte die Wüste sie verschluckt, sie konnten überall sein. Ich dachte an die kaputten Sättel, die kaputten Satteltaschen, deren Inhalt überall verstreut herumliegen würde, die zerbrochene Kamera, meine Bilder, die im Regen lagen, und die Esel, die meilenweit entfernt herumsprangen. Cockleburrs konnte sich nämlich nur von der Ladung befreien, wenn er sie abwälzte. Und während ich den Eseln hinterherjagte, würden die Navajo, die überhaupt keinen Sinn für Redlichkeit hatten, meine Sachen aufsammeln und mitnehmen.

Ich ging Richtung Kayenta. Dort kannte ich einen Mormonen, der vielleicht mit seinem Wagen kommen und meine Sachen holen könnte, während ich die Esel suchte. Doch nach einer Meile machte ich kehrt, nicht, weil ich keine Lust hatte, von der ganzen Stadt ausgelacht zu werden – es war ja auch lustig, und es hätte mich nicht gestört –, sondern weil ich das von diesen Leuten nicht verlangen könnte. Ich hatte ja immer damit angegeben, dass ich es allein schaffen würde, und habe es auch immer hingekriegt ohne zu klagen. Nun war die Gelegenheit, mir das selbst zu beweisen. Also lief ich zurück, suchte zwischen den Felsen, doch ich fand keine Spur von den Eseln und hörte nichts außer dem heulenden Wind. Ich holte die Satteldecken und suchte den Weg zurück zum Hogan. Ich machte ein schönes Feuer und betrachtete die Sterne, die zwischen den Wolken immer wieder zum Vorschein kamen. Zu essen und zu trinken hatte ich nichts, also rauchte ich eine Zigarette, legte mich auf den Sand und stopfte mir eine Decke als Kissen unter den Kopf. Der Mond ging auf und schien trübe durch die vorüberziehenden Wolken. Ich schlief immer, bis das Feuer heruntergebrannt war, dann legte ich Holz nach. Nach vier, fünf Schlummerstündchen brach der Morgen an, und ich begab mich im beginnenden Regen wieder auf die Suche nach den Eseln.

Nach ein, zwei Meilen sah ich Spuren im Sand, und bevor ich mich versah, war da auch schon Cockleburrs, der reglos dastand und mich dümmlich und müde anstarrte. Ich hatte die Ladung besser festgezurrt, als ich gedacht hatte – alles war noch da! Ganz in der Nähe stand auch Leopard, auch er schaute mich dumm an, der Sattel war ihm unter den Bauch gerutscht, doch er war nicht kaputt. Kamera und Feldflasche waren heruntergefallen, aber nach einer halben Stunde Suche hatte ich beides wiedergefunden, wenn auch ein wenig ramponiert.

Ich rückte den Sattel wieder zurecht, stieg auf, und so trotteten wir drei im Regen zurück zum Lager. Als wir zum Hogan kamen, sah ich schon das Feuer lodern und den Rauch aufsteigen. Ich war sehr zufrieden. Den Eseln gab ich eine Extraportion Hafer und legte ihnen die Fesselstricke an, dann setzte ich den Topf auf und bereitete Frühstück und Mittagessen in einem.

Nicht jeder Tag ist so aufregend wie dieser, doch jeder Tag hält seine Überraschungen bereit, und ich habe mehr Schönes gesehen, als ich aushalten kann. Auf der Suche nach Wasserstellen oder Felswohnungen habe ich mein Leben oft dem bröckelnden Sandstein anvertraut und bin über Felsen geklettert, die so steil waren, dass es fast senkrecht hinaufging. Ich war immer selbst ganz erschrocken, wenn ich alles heil überstanden hatte.

Erzählen Sie Mabel von meinen Eseln; nun grasen sie friedlich wie zwei gute Eselchen und tun so, als wären sie gar nicht die ganze Nacht herumgestreunt.

Viele Grüße von
Everett

Im Mai

[Adressat unbekannt],
ich habe mich den Berg hinaufgekämpft, durch Schluchten aus himmelhohen Felsen, gegen die brausenden Nachtwinde gestemmt, gegen die rauen, tosenden Böen, die mir wie kalter Stahl ins Gesicht schlugen. Ich bin trunken von einem brennenden Rausch, den Alkohol niemals hervorrufen könnte, trunken von dem

wilden Elixier der Schönheit, dem verheerenden Trank dieser ungeheuren Gewalt, der seelendurchdringenden Unentrinnbarkeit der Musik. Oft quält mich der Gedanke, dass ich das, was ich fühle, größtenteils für immer ungeteilt, unausgesprochen in mir behalten muss. Doch zumindest habe ich so viel Schönes gesehen, erlebt und gehört, das man nicht ausdrücken und das man weder durch Worte noch durch die Malerei vermitteln kann. Ich weiß, dass ich scheitern muss, und ich weiß, dass das Gefühl der Erfüllung nur der Schatten eines Traums ist, aber ich versuche immer noch, eine vage und doch greifbare Vorstellung von dem zu geben, was in mir brennt, ohne mich zu zerstören.

Doch ich denke, dass dieses Gefühl in mir wachsen muss und dass es Unsinn ist, es vermitteln zu wollen, denn es würde nur Verachtung und Missverständnisse hervorrufen.

Auf meinen Schrei, auf meine Klage gibt es keine Antwort. Es ist eine vergebliche Aufgabe. Ich kann sowieso nie mehr als einen winzigen Einblick in meine Visionen vermitteln, so sehr ich mich auch bemühte. Ich bin dazu verdammt, das Feuer der Schönheit auszuhalten, das mich versengt. Ich bin dazu verdammt, dieses Feuer aus mir herauszureißen und es irgendwie und irgendwo anders zu entfachen. Und ich bin zerrissen von dem Wissen, dass ich niemals einem anderen Menschen weitergeben kann, was ich fühle. Ich kann diese lodernden Flammen nicht ertragen und ich kann sie auch nicht aus mir herauslassen. Ich frage mich, wie ich überhaupt weiterleben und mich so gleichgültig wie nötig geben soll.

Kayenta, Arizona, 17. Juni

Lieber Bill,
vor ein paar Tagen bekam ich Deinen Brief, der mich sehr gefreut hat. Ich hatte große Gewissensbisse, als ich Dir schrieb, aber ich musste es einfach tun. Schön die Vorstellung, dass man Wirkung auf andere haben

kann! Das ist wahrscheinlich der Wunsch nach Macht. Wenn ich allein in der endlosen Wüste bin, kann ich oft gar nicht glauben, dass es auch noch andere Menschen gibt, und doch stellen Briefe manchmal eine Intimität her, die beim direkten Kontakt nicht möglich ist.

Weißt du, in gewisser Weise ist es schade, dass Du nicht ein paar wilde Erlebnisse mit mir teilen konntest, denn im Gegensatz zu mir willst Du damit etwas anfangen. Vielleicht weil Du nach materieller Sicherheit strebst oder nach Anerkennung durch andere. Vielleicht willst du unbedingt dich selbst projizieren und verewigen, weil Du Angst hast vor der schrecklichen Endgültigkeit des Todes.

Ich selbst habe keinerlei Bedürfnis, berühmt zu sein. Die Vorstellung, man könne mich „den bekannten Autor" oder „den großen Maler" nennen, widert mich an. Ich fürchte fast – oder die anderen Menschen sollten dies fürchten –, dass ich immer gesellschaftsfeindlicher werde. Ich hege nicht den Wunsch, meine Leistungen zur Unterhaltung der Gelangweilten und Blasierten zurechtzubiegen. Und dahin führt das Schreiben, jedenfalls Dein Stil. Ich glaube, Dummköpfe und Geschäftsleute würden Gefallen an Deinen Geschichten finden, wenn sie frisiert und veröffentlicht werden würden. Sie würden diesen Leuten dazu verhelfen, sich ein paar Stunden ihres Lebens mit imaginären Handlungen fiktiver Personen zu beschäftigen. Und wenn sie dann wieder vollauf zufrieden sind mit ihrem ruhigeren oder besseren Leben, zünden sie mit der Zeitschrift das Kaminfeuer an und verscherbeln sie an den Altpapierhändler.

Ich hoffe, das zieht Dich runter, denn ich habe heute Morgen große Lust, die selbstzufriedenen und dummen Erwartungen der Menschheit zum Platzen zu bringen. Nicht, weil ich verletzt bin – ich bin wirklich guter Laune, obwohl ich vorgestern Abend Verdorbenes aß und fast den Löffel abgegeben hätte.

Das Schöne ist mein Gott, es bedeutete mir mehr als die Menschen. Und wie dieser Gott oder diese Göttin verspottet wird in diesem Land, das für mich das schönste ist, das ich auf all meinen Wanderungen kennengelernt habe! Das geht inzwischen so weit, dass ich mit den Weißen hier überhaupt nichts mehr zu tun haben will, ich kaufe bei ihnen nur noch Vorräte und ziehe weiter. Ich will auch niemandem mehr erzählen, warum ich hier bin.

Inmitten dieser großen, überwältigenden Schönheit zu leben, bringt einen empfindsamen Menschen fast um, weil diese Pracht so sehr bewegt; doch die Weißen sind taub, fühllos und blind. Sie stehen hinter den Tresen in ihren schmutzigen, schäbigen, düsteren Handelsstationen und denken an nichts anderes als ans Geld. Die Fragen, die sie mir stellen, drehen sich immer nur darum, wie viel ich verdiene, wo ich mein Zeug verkaufe und wie viel ich dafür bekomme. Nicht, dass sie auch nur im Traum daran denken, ein Bild zu kaufen, es ist nur ihr einseitiges Interesse an allem, was mit Geld zu tun hat. Und wenn sie welches haben, dann fühlen sie sich wohl in ihrem blöden Leben, aber sie leben nicht wirklich.

Vor einiger Zeit habe ich mein Geld für einen Armreif ausgegeben und seither bin ich fast immer pleite. Es ist ein schönes Schmuckstück, ich hatte nie vor, einen Armreif zu besitzen, doch er passt so gut, und mir gefallen das Muster und die drei Türkise so sehr, dass ich den Kauf nie bereut habe. Am Tag ist es wie ein Stück des Himmels, das ich am Handgelenk trage, während meine Hand auf dem Sattelknauf liegt, und nachts im Feuerschein spiegeln sich die lodernden Flammen darin und die Steine glänzen grünlich.

Als ein Bekannter, ein Händler, den Schmuck sah, fragte er mich: „Wie viel hat er gekostet?" Für ihn war es nur eine Ware.

Vor drei Tagen ritt ich nach einer deprimierenden Erfahrung an einer Handelsstation abends hinaus in die Wüste und in die Salbeisträucher, die sich bis zu den roten Mesas und den fernen blauen Bergen erstreckten, und ich war froh, allein und frei zu sein.

Ich malte den Sonnenuntergang – dunkle, hoch aufragende Hügel mit klaren Umrissen und der goldenen Sonne auf den westlichen Flanken. Und ich ritt weiter im Schein des Neumonds, einer silbernen Sichel, die im dunkler werdenden Blau des Abendhimmels schimmerte. Ein, zwei Meilen entfernt, am Fuß eines einsamen Hügels, brannte ein Feuer. Es lag in meiner Richtung, also hielt ich darauf zu und dachte, ich könnte auf eine Tasse Kaffee haltmachen. Wenn ich in kleine Senken ritt, verschwand das Feuer aus meinem Blick, doch es tauchte immer wieder auf und brannte stetig weiter. Schließlich kamen wir an, ich stieg ab und begab mich grüßend in den Kreis um das Feuer. Da saßen eine alte, nicht gerade dünne Frau mit zerzausten grauen Locken, ihr Mann, zwei jüngere Frauen, deren Säuglinge und ein junger Kerl.

Die Alte hieß Shimassohn. Ich bat sie um Kaffee, und sie strahlte; sie gab mir Tee, Kaffee, schob mir namskadi (Maisbrot) hin, drängte mich zu essen und stellte mir Fragen.

Ich kann Dir gar nicht sagen, wie sehr diese Freundlichkeit mein gebrochenes Herz erwärmte. Ich war voller Zuneigung für diese Menschen. Sie sind wie Kinder, ganz einfach und freundlich, wenn man sie in Ruhe lässt.

Ich habe schon viel Zeit bei den Navajo verbracht und die Besten von ihnen kennengelernt. Es sind wunderbare Menschen. Ich ritt mit ihnen auf ihren Pferden, aß mit ihnen und nahm an ihren Zeremonien teil. Das Zusammentreffen mit den Navajo war meistens erfreulich, und wir tauschten viele Geschenke aus. Sie haben natürlich auch schlechte Seiten, sie sind zum Beispiel nicht sehr reinlich und sie bestehlen einen Fremden – aber nicht wenn man ihnen Vertrauen entgegenbringt und sie wie Freunde behandelt. Wenn sie durch die Wüste reiten, singen sie ganz irr und wild; es ist ein durchdringender, wunderbarer Gesang.

Diese Leute am Feuer waren Ute, sie kamen aus dem Norden. Nach einem Frühstück aus heißer, dicker Ziegenmilch, Hammelfleisch und Brot aus dem Kanonenofen machten sich die beiden Männer und die Großmutter auf den Weg zu einem fünfzehn Meilen entfernten Handelsposten, und ich holte die Esel. Die Alte führte ihr Pferd über den Hügel, denn die Indianerinnen würden niemals in Gegenwart eines Weißen aufsteigen.

Ich ritt den ganzen Vormittag über sonnige Dünen aus rotem Sand, auf deren Graten Ginster, kleine Sonnenblumen und flatternde Grasbüschel wuchsen. Ich kam zu einem namenlosen Canyon, an dem ich auch früher schon gelagert hatte. Ich ritt bis zum Ende und hoffte verzweifelt, dass das Wasserloch nicht ausgetrocknet sein würde.

Es gab gerade noch genug Wasser für mich und die Esel. Ein paar entlaufene Pferde kamen an und hätten wahrscheinlich alles weggesoffen, wenn ich nicht zuerst da gewesen wäre. Doch es gab noch mehr Wassertümpel, die sie finden konnten.

Unter einer hohen, ausladenden Pinyonkiefer entlud ich die Esel. Ich löste die Knoten, nahm die Packtaschen und Sättel ab, gab den Eseln Hafer, striegelte sie und führte sie ins Gras, das in einer weiten Biegung der Schlucht wuchs. Hier gibt es zwei Felsenwohnungen, die eine kaum begehbar.

Nach einem erfrischenden Bad am Rand eines kleinen, im Schwinden begriffenen Tümpels am Fuß der Felswand wanderte ich durch die Schlucht, beobachtete die Insel, dann prüfte ich meine Ausrüstung.

Dieser Ausflug dauerte länger, als ich dachte, denn ich war an so vielen schönen Orten, wo ich nicht nur naschen, sondern alles auskosten wollte. In den letzten sechs Wochen bin ich mehr als vierhundert Meilen mit den Eseln gewandert, meist abseits von den bekannten

Pfaden, es sei denn, sie lagen auf meinem Weg. Wasser habe ich immer gefunden, im Schnitt alle ein, zwei Tage.

Morgen will ich zum Navajo Mountain und dem wilden Land aufbrechen. In Oljeto („Mondschein auf dem Wasser") wird mir ein alter Hase helfen, die Esel zu beschlagen und sie für die vielen Meilen nackter Sandsteinfelsen zu rüsten, die wir überqueren müssen.

Hier in Kayenta wohne ich bei Lee Bradley, dem besten Freund, den ich hier habe, ein großer, imposanter Halbblut, in dem sich die besten Eigenschaften der beiden Rassen vereinen. Er hat viel Einfluss im Stamm, er erledigt die Korrespondenz und hält Kontakt zu den Regierungsstellen. Seine Frau ist Indianerin.

Lees Heim ist ein verschachteltes Lehmziegelhaus. Er hat auch viele Haustiere – einen kleinen Präriehund, eine junge Ziege, Hasen, Katzen und Kisge, einen unglaublich zottigen Hund, der bestimmt Curlys Vater oder Großvater ist, denn er hat die gleichen braunen Augen und die gleiche gedrungene Schnauze.

Jose Garcia, mein Freund in Chilchinbetoh, bei dem ich im letzten Monat die seltene Gastfreundschaft der alten spanischen Art genoss, kam vor ein paar Wochen ums Leben. Er fuhr einen Lastwagen, ein Rad machte sich selbstständig, und die Ladung begrub ihn unter sich.

Zurzeit ist eine archäologische Forschungsgruppe in der Stadt, darunter sind einige ganz nette und intelligente junge Burschen. Wenn ich wieder aus den Bergen zurückkomme, werde ich sie besuchen.

Der Sommer zieht ins Land. Der schrille Gesang der Zikaden ist nun nicht mehr zu hören, die scharlachroten Kaktusblüten sind verwelkt, Akeleien und Mormonentulpen sind aus den Canyons verschwunden. Nun gibt es nur noch Sonnenblumen, und an feuchten, schattigen Stellen wächst auch noch der Bartfaden.

In der mittäglichen Gluthitze der Wüste muss man Siesta halten, und ich wandere im Morgengrauen, nach Sonnenuntergang und im Mondschein.

Hast du „Das purpurrote Land“ bekommen? Deine Zeile über „die majestätische Überheblichkeit der Wüstenzinnen“ gefiel mir.

In ungefähr einem Monat kehre ich nach Kayenta zurück, und du kannst mir die Briefe dorthin schicken. Von dort aus breche ich dann endgültig zu „El Cañon Grande“ auf. Bis dahin – lebe fröhlich, lebe intensiv und ringe dem Leben ein paar seiner unerschöpflichen Möglichkeiten ab.

Viele Grüße

Everett

War God Spring auf dem Navajo Mountain
Utah, 29. Juni

Lieber Bill,
ein starker Wind rauscht in den Wipfeln der hohen Kiefern, der Mond geht gerade über der Wüste unter mir auf, die Sterne glitzern durchs Geäst der Pinien, Wolkenschleier ziehen über den Nachhimmel. Anmutige Espen mit schlanken Stämmen ragen unter den erhabenen Pinien auf; ihre dünnen, gebogenen Äste leuchten weiß im Feuerschein, gelegentlich bauscht eine Bö, die vom Berg herunterweht, ihr hellgrünes Laub.

Die Schönheit dieses Ortes ist auf ihre Weise vollkommen. Mehr kann man nicht verlangen. Eine kleine Quelle gurgelt zwischen den Espen und Weißtannen. Am Tage wimmelt es in den feuchten Senken nur so von prächtigen Schmetterlingen, darunter Schwalbenschwänze, Segelfalter, Bläulinge und Trauermäntel. Es gibt unzählige schöne Stellen, wo man vor sich hinträumen kann; geschmeidige Felsen zum Anlehnen, weiche Betten aus Kiefernnadeln, wo man ruhen und zum Himmel oder die glatten Baumstämme hinaufblicken und betrachten kann, wie sich das Geäst emporwindet und wie das Laub in Quasten daran hängt.

Zwei kleine Herden von schönen braunen Pferden mit je einer Leitstute saufen hier. Oft höre ich aus der anderen Richtung das tiefe Klingeln ihrer Glöckchen, das mit dem höheren Ton des Eselsglöckchens kontrastiert. Kein Mensch stört die traumhafte Einsamkeit. Weit unten keucht die braune Wüste, die von Schluchten durchzogen ist, in der sengenden Sonne, hier aber ist es luftig und kühl.

Mir fällt es schwer, nicht emotional zu werden, wenn es um meine Esel geht. Es sind so lustige, nette Tiere. Auf der Wanderung bin ich oft ungehalten, vor allem wenn sie an einer schwierigen Stelle bocken, doch wenn sie bis zu den Knien in den Wildblumen stehen, die Blüten abfressen und mich mit ihren glasigen, großen braunen Augen anstarren, ihre felligen Ohren aufstellen und sich mit dem Schweif auf ihre dicken Hinterteile schlagen – wer könnte sie da nicht lieben?

Vor ein paar Tagen in der Wüste musste ich die dümmlich blickenden Burschen suchen; ich sah, dass ihre Spur zu einem verlassenen Hogan führte, und hörte ein Schnauben und Scharren im Inneren der Hütte; da musste ich lachen. Mitten in dieser weiten Wüste hatten sie diesen kleinen Hogan als Nest auserkoren, der gerade mal Raum für die beiden Tiere bot!

Gegenüber von No Man's Mesa stiegen wir über einen steilen Pfad aus dem Copper Canyon heraus. Kurz unterhalb der Kante mussten wir ziemlich klettern. Leopard, den ich bepackt hatte, verlor das Gleichgewicht, als er über einen steilen Sims steigen wollte, und fiel nach hinten, schlug zwei Purzelbäume, rollte über die Seite und landete mit zappelnden Beinen ein paar Handbreit vor dem klaffenden Abgrund. Ich zog ihn wieder auf die Beine. Er war ziemlich erledigt, sein Fell war aufgeschürft, die Ladung zerkratzt.

Nun schwebt der Mond über den Wipfeln, der Wind singt in den Kiefern – es gibt keine schönere Musik!

Dieses Land ist so schön, dass ich wohl kaum wieder in die Stadt zurückkehren werde, hier habe ich Schönheit und Vollkommenheit, in der Stadt gibt es nur Hässlichkeit und Fehlbarkeit. Dort ist alles für den Menschen gemacht, doch wo findest du dort eine Umgebung, die deinen Idealen und Vorstellungen entspricht? Natürlich kann man an diesen hässlichen, verkorksten Orten leben und träumen, aber es ist doch viel besser, hier zu sein, wo alles schön und unberührt ist.

Wenn du viel Geld hast, stehen dir alle Türen offen und du kannst dir den Spaß erlauben, einen Ort zu schaffen, der deiner Persönlichkeit entspricht, es macht auch manchmal Spaß, an einer Bruchbude herumzubasteln, aber der Kampf für diese armselige Existenz lohnt nicht.

Hier habe ich alles bei mir, was ich besitze. Das malerische Sattel- und Zaumzeug und meine großartigen Satteldecken von den Navajo sind mein Heim. Und wenn ich gehe, hinterlasse ich keine Spuren.

Der Handelsposten, an dem ich mich zuletzt mit Vorräten eingedeckt habe, ist ein teurer Ort. Der Händler muss seine Waren zweihundertfünfzig Meilen über sehr schlechte Straßen mit dem Lastwagen transportieren. An diesem abgelegenen Ort bekommt er nie Touristen zu Gesicht, und im Jahr wechselt kaum einmal ein Zehn-Cent-Stück über die Ladentheke. Er handelt mit Wolle, Schaffellen und Decken. Gallup in Neu Mexiko ist die nächste Stadt, in der er seine Sachen verkaufen kann. Man hat ihm siebzehn Cent für ein Pfund Wolle geboten, wenn er die Ware nach Neu Mexiko bringt, dabei kostet ihn selbst die Wolle schon zwanzig.

Ich habe einen Kuchen in der Bratpfanne gebacken. Sehr lecker. Schade, dass Du nicht kosten kannst!

Die Schönheit dieses Landes wird langsam ein Teil von mir. Ich fühle mich ganz losgelöst vom Leben und irgendwie sanfter. Abgesehen von vorübergehenden Aufregungen bin ich nicht mehr imstande, jemanden zu kritisieren. Ich will niemandem etwas zuleide tun und versuche, nett zu sein, aber die Mühe scheint vergeblich. Ich habe hier ein paar gute Freunde, doch niemand versteht wirklich, warum ich hier bin und was ich hier tue. Alle verstehen mich nur zum Teil. Ich bin schon zu lange allein unterwegs.

Das Leben, wie es die meisten Leute führen, hat mich noch nie befriedigt. Ich wollte immer intensiver und erfüllter leben. Warum sollte man seine wirklichen Sehnsüchte und Vorlieben verbergen und sich selbst betrügen, wenn man vielleicht doch zu sich finden kann, indem man ihnen nachgeht, und vielleicht doch jemanden findet, der versteht, wovon man spricht? In der Zivilisation führt so eine Distanzlosigkeit normalerweise zu Feindseligkeit, Missverständnissen und Verachtung, aber hier in der Einsamkeit brauche ich das nicht so sehr zu fürchten, obwohl die Fremden, die ich treffe, mich für gewöhnlich falsch einschätzen. Doch ich war ja noch nie mit weniger als dem prallen Leben zufrieden, und so muss ich eben immer weitersuchen und meine Seele jedem Angriff schutzlos ausliefern. Ich räche mich jedoch selten, denn ich weiß, wie sinnlos es am Ende ist.

Meinen Körper habe ich hier erbarmungslos geschunden, habe ihm selten nachgegeben, wenn ich nicht musste, und so sollte es mich nicht wundern, wenn er mich irgendwann verrät. Doch wie Omar sagt: „Ich war ein Falke, den sein kühner Flug hinauf zum Reich der ew'gen Rätsel trug. Dort fand ich keinen, der sie mir enthüllt, und kehrt zur Erde wieder bald genug." Tja. Hoffentlich kann ich immer weiterfliegen, ohne dass mich mein Körper im Stich lässt.

Als ich Dir den letzten Brief geschrieben habe, musste ich daran denken, wie ich Dir das Bild vom alten Wasserturm abgeschlagen habe und es Dir später geben wollte, doch es war mir peinlich, das zuzugeben. Du brauchst es nicht rahmen zu lassen, es sei denn, Du willst es; es würde auch viel besser aussehen, und Du würdest dem Bild eher gerecht werden. Es ist weder die nackte, prächtige Seele der Wüste noch die Seele des Waldes oder des Bergs, sondern ein alter Wasserturm auf dem Hügel im letzten Sonnenlicht, sein Fenster sieht nach Westen zu dem ewigen, geheimnisvollen Meer. Vielleicht kannst Du das – und noch mehr – in dem Bild erkennen, auch wenn es niemand sonst kann.

Nun stehen die Espen hoch und weiß im Mondschein. Der Wind singt in den Kiefern. Der Berg schläft.

Friede sei mit Dir

Everett

Navajo Mountain, Utah, 30. Juni

Lieber Vater, liebe Mutter,

die Sonne geht gerade unter, und die Schatten fallen über mein Lager. In der Wüste ist es immer noch sengend heiß, aber unten in der Schlucht quaken schon die Frösche und kündigen die nahende Kühle der Nacht an. Ich bin eine Tagesreise von der Rainbow Bridge entfernt. Gestern kam ich über einen steilen, felsigen Weg vom Berg herunter. Meine Tage auf dem Berg waren herrlich, ich glaube kaum, dass ich jemals einen schöneren Lagerplatz hatte als da oben unter den hohen Kiefern und den Espen, wo Schwärme von Schmetterlingen an der plätschernden Quelle saßen.

Von oben aus gesehen ist das Land zwischen hier und den beiden Flüssen San Juan und Colorado und jenseits davon das raueste und unwegsamste, das ich je gesehen habe. Tausende von rosa Felskuppen und Sandsteintürmen ragen aus den blauen und lila Schatten heraus. Nach Osten hin säumen große Canyons die Wüste und schneiden hellrote Schluchten durch die graugrünen, mit Salbei bewachsenen Ebenen.

Den beschwerlichen Weg, der gegenüber von No Man's Mesa aus dem Copper Canyon herausführte, werde ich wohl so schnell nicht vergessen. Zwischen den Mesas liegt das weite, braune Land. Im Norden die stille, fast trockene Schlucht des San Juan, der von einem Streifen üppiger grüner Weiden gesäumt wird. Vor mir lag der Canyon, der eine Meile breit und von blaugrünen, graublauen und zarten lila Bändern durchzogen ist, durch die ein mattes Rot schimmert, das nach oben hin immer intensiver wird und schließlich so leuchtet, dass es fast in den Augen schmerzt.

Einen ganzen Monat lang hat es nun nicht geregnet, und die meisten Schluchten und Tümpel sind ausgetrocknet. Auf meiner Suche nach Wasser war ich immer sehr eifrig und erfolgreich. Die Esel bekamen mindestens jeden zweiten Tag zu saufen. Hier unter den Baumwollpappeln fließt frisches, klares Wasser, heute Nachmittag habe ich schon ein wenig geplanscht und danach mein Hemd und meine Socken gewaschen.

Die safrangelben Wolken, die ganz niedrig am Himmel hängen, färben sich nun mit einem zarten Blaugrau. Die orangeroten Türme und Pyramiden vor mir glühen vor dem dämmernden Himmel.

Auf dem Berg habe ich noch einmal Dunsanys „Geschichten eines Träumers“ gelesen und sie genossen wie nie zuvor. Wie schön Dunsany schreibt und welch brillante Vorstellungskraft er hat! Ich stimme mit ihm vollauf überein, was seinen Hass auf den Kommerz, das Hässliche und das Fantasielose angeht.

Ich hoffe, Ihr schickt „Don Quijote“ und die Schokolade. Wenn Ihr mir das Päckchen für Juli schickt, so würde ich Euch bitten, mir robuste Shorts einzupacken. Größe 32; hier gibt es so etwas nicht, und die alten sind nur noch Fetzen. Auch wenn Ihr ein paar Pfund getrocknete Apfelringe finden könntet, würde ich mich sehr freuen. Damit kann man leckeres Apfelmus machen und mit ein wenig Zimt würzen. Auch Datteln wären mir recht, wenn Ihr leicht welche bekommen könnt. Der letzte Händler, bei dem ich eingekauft habe, muss seine Waren dreihundertfünfzig Meilen über sehr schlechte Straßen transportieren – Ihr könnt Euch vorstellen, welche Preise er verlangt!

In ein paar Wochen werde ich wohl zurück in Kayenta sein. Von dort aus geht es dann wieder nach Süden und nach Westen.

Viele Grüße

Everett

Escalante Rim, Utah, im November

Lieber Waldo,

Deinen Brief vom 12. Oktober bekam ich vor einer Woche in Bryce Canyon. Seit ich Desert View verließ, hatte ich unzählige Abenteuer und merkwürdige Erlebnisse. Wenn ich mich zurückerinnere, so muss ich an die Hunderte Meilen denken, die ich durch die Wüste, durch Schluchten, unter roten Felsen und durch dichte, fast undurchdringliche Wälder zurückgelegt habe. Und wie ich diese Strecken im Geiste noch einmal abwandere, denke ich auch an viele Menschen, die ich auf dem Weg traf.

Ich glaube, ich habe Dir nicht mehr geschrieben, seit ich im Navajo-Land war, doch mir würde schwindlig werden, wenn ich versuchen müsste, jemandem die einzigartige Zeit begreiflich zu machen, die ich dort auf den sonnenüberfluteten Mesas der Hopi verlebte. Ich glaube, es gibt vieles im Leben eines Menschen, das ein anderer nicht verstehen oder schätzen kann, wenn er nicht dieselben Erfahrungen gemacht hat, und die meisten Menschen haben dazu ja gar nicht die Gelegenheit.

Ein paarmal entkam ich den Klapperschlangen und den bröckelnden Felsen nur knapp. Das letzte Desaster passierte, als Chocolatero einen Schwarm wilder Bienen aufscheuchte. Noch ein paar Stiche mehr, und ich hätte es nicht überlebt! Drei, vier Tage lang konnte ich die Augen nicht öffnen und meine Hände nicht bewegen.

Ein paar Tage lang war ich in einer Mormonenstadt und frönte dem Familienleben, Kirchgang und Tanz. Wäre ich länger geblieben, so hätte ich mich sicher in ein Mormonenmädchen verliebt, aber ich denke, es ist gut, dass es nicht dazu kam. Ich bin eben so ganz anders als andere Leute.

Sag Deinem Freund K.O. Duncan, dass der Esel seit Jahrhunderten fast in jedem Teil der Welt als Reit- und Lasttier dient. Ich selbst bin Tausende von Meilen auf

Eseln geritten. Meine beiden Esel, die ich den Navajo abkaufte, waren beides Reittiere. Im Winter nehmen sie nur Esel, denn die Pferde sind aus Futtermangel zu schwach.

Erinnerst Du Dich, dass auch Sancho Pansa einen Esel reitet? Und wenn Du noch ein bisschen in den Tiefen Deines Gedächtnisses stocherst, wirst Du herausfinden, dass auch Christus auf einem Esel ritt. Ich bin also nicht der einzige.

So bald werde ich wohl nicht in die Zivilisation zurückkehren. Ich bin der Wildnis noch lange nicht müde, im Gegenteil, ich genieße ihre Schönheit und mein Vagabundenleben immer mehr. Lieber sitze ich im Sattel als in der Trambahn, und den Sternenhimmel ziehe ich jedem Dach vor. Auch der unwegsame, beschwerliche Pfad, der an einen unbekannten Ort führt, ist mir lieber als jede geteerte Landstraße, und ich liebe den tiefen Frieden der Wildnis im Gegensatz zu der Unzufriedenheit, die in den Städten herrscht. Kannst Du es mir übelnehmen, dass ich lieber hierbleiben will, wo ich mich zu Hause fühle und eins bin mit der Welt um mich herum? Es stimmt, dass ich geistreiche Gesellschaft vermisse, aber es gibt sowieso so wenige Menschen, mit denen ich die Dinge teilen kann, die mir so viel bedeuten, und deshalb habe ich eben gelernt, darauf zu verzichten. Es genügt mir, von Schönheit umgeben zu sein und diese Schönheit in Dingen bei mir zu tragen, die mir stete Freude machen, wie zum Beispiel meine wundervollen Navajo-Satteldecken und der Silberarmreif an meinem Handgelenk, dessen drei Türkise im Feuerschein glänzen.

Auch an Deiner nur flüchtigen Schilderung merke ich, dass ich diesen immer gleichen Trott und die Eintönigkeit eines Lebens, wie Du es führen musst, nicht ertragen könnte. Ich glaube, ich werde niemals richtig sesshaft. Ich habe schon zu viele Geheimnisse des Lebens ausgelotet und würde alles andere diesem

Antiklimax vorziehen. Deshalb will ich auch nicht in die Stadt zurückgehen. Da war ich schon und dorthin bin ich auch wieder zurückgekehrt; ich weiß, was mich erwartet. Um mich wieder in den alten Trott zurückzubringen, bräuchte es schon einen sehr viel stärkeren Anreiz als alles, was ich kenne.

Du sagst, Du wüsstest gar nicht, wovon Du mir schreiben solltest, ich aber könnte Dir jeden Tag ganze Seiten über mein Leben hier füllen.

Vor ein paar Tagen bin ich wieder zu den roten Felsen und in die Sandwüste geritten und hatte das Gefühl, nach Hause zu kommen. Ich traf ein paar umherziehende Navajo, wir plauderten fast die ganze Nacht, aßen gebratenes Hammelfleisch, tranken schwarzen Kaffee und sangen. Die Lieder der Navajos sind für mich viel ausdrucksstärker als andere Lieder. Und da ich nun die Sprache einigermaßen kann, unterhalte ich mich auch gerne in Navajo.

Zwei, drei Tage lang traf ich keine Menschenseele, und außer Eichhörnchen und Vögeln sah ich auch keine Tiere. Gestern war ein verlorener Tag, jedenfalls was die Wanderung angeht, denn ich geriet am oberen Ende eines Schluchtenlaufs in eine Sackgasse und musste denselben Weg wieder zurückgehen. Gestern Nacht schlief ich unter hohen Kiefern an einem Bach, der am Fuß eines orangegelben Felsens entlangfließt; er ragt hoch in den Himmel auf wie eine Wand und lässt die knorrigen Kiefern auf dem Gipfel sowie die geraden, hohen Bäume, die teilweise an den Flanken wachsen, ganz klein aussehen. Der Sonnenaufgang war eine Pracht. Heute ritt ich meilenweit durch wildes Land, kämpfte mich durch hohen Salbei und widerspenstiges Eichengestrüpp und führte die Esel über eine Wand in die Schlucht hinunter, die so steil war, dass sie fast hintergefallen wären.

Schließlich fand ich einen Pfad; ein wenig abseits, an einer Stelle, die einem wie das Ende der Welt vorkommt, schlug ich ein trockenes Lager auf. Genau dort ist der

Scheitelpunkt, das Land fällt auf der einen Seite zum blauen Horizont nach Osten, auf der anderen Seite nach Westen ab. Die letzten Sonnenstrahlen am Abend und die erste Morgensonne erreichen diesen Punkt. Unten liegen die steilen Felsen, in die sich der Canyon hinauf zur Scheitelkante geschnitten hat, im Norden stehen die jähen hellroten Wände des Kaiparowits Plateaus mit ihrer weißen Kappe und dem bewaldeten Gipfel. Im Westen und im Süden liegen die Wüste und die fernen Berge. Die bleiche Sichel des Neumonds ging bei Sonnenuntergang auf und hing eine Weile ganz tief am Horizont. Auf meinen Wanderungen erlebte ich oft ein traumgleiches Prickeln, wenn das Leben so schrecklich eigenartig und unwirklich scheint. Ich glaube, dass die Sinne der meisten Menschen so abgestumpft sind, dass sie das gar nicht mehr wahrnehmen.

Ja, ich habe mich in letzter Zeit wirklich gut geschlagen. Es macht Spaß, so viel Geld zum Ausgeben zu haben, feiern und Geschenke machen zu können, wann immer ich will. Ganz unerwartet habe ich eine ganze Reihe Bilder verkaufen können. Es war ein erfülltes, reiches Jahr. An abwegigen und auch schönen Dingen habe ich alles getan, was ich tun wollte, ich habe nichts ausgelassen.

Als mich ein befreundeter Mormone fragte, welcher Kirche ich angehöre, sagte ich ihm, ich gehörte zu den pantheistischen Hedonisten. Du und ich, wir waren immer Hedonisten und haben uns gegenseitig immer Glück gewünscht, wie ich es Dir jetzt auch wünsche.

Es kann ein, zwei Monate dauern, bis ich wieder eine Postadresse habe, denn ich will nach Süden Richtung Colorado in unbesiedeltes Land. Also, sei glücklich in Kalifornien!

Ganz herzlich

Everett

Freddy Langer
Dies ist der Ort

Brigham Youngs Geste auf einem Höhenzug über dem Großen Salzsee von Utah erinnerte nicht zufällig an Moses. „This is the Place", rief er, als er 1847 die Mormonen in ihre neue Heimat führte. Dem Besucher von heute geht der Satz immer wieder über die Lippen.

Delicate Arch

Mit der Formulierung „a bit tough" hatte Rory für seine Tour geworben, die Hände müsse man benutzen, hatte er gesagt, und feste Schuhe seien unbedingt nötig, wenn man ihm auf einem kleinen Umweg zum Delicate Arch folgen wolle. Und ganz klein müsse die Gruppe bleiben, gut überschaubar. Wohl der Gefahren wegen – dachten wir. Aber dann nahm er doch jeden mit, der wollte. Und so ausgesetzt, wie er es beschrieben hatte, war der Weg nun wirklich nicht. Schön war vielmehr, dass es gar kein Weg war. Wir liefen mitten durchs Gelände.

Rory ging mit uns zu den Resten der Wolfe Ranch, kleine Häuschen, in denen sich John Wesley Wolfe Ende des neunzehnten Jahrhunderts eingerichtet hatte, um eine Krankheit auszuheilen; tausend Rinder hütete er in dem damals grünen Land. Er zeigte uns Indianerzeichnungen im Fels. Und er ging mit uns zu der Stelle, an der Indianer jahrhundertelang mit primitiven Werkzeugen Pfeilspitzen aus Steinen geschlagen haben, vielleicht während ritueller Handlungen. Ein kleines

Feld ist übersät mit Steinen, die eigens für die Produktion hierhergebracht worden waren – und mit Abertausenden von Splittern. Aber dann wollten wir zum Bogen, dem Delicate Arch, der so schön ist, dass man in Moab, der kleinen Stadt am Eingang des Nationalparks, die Frage stellt: Mal abgesehen vom Delicate Arch, welchen Bogen finden Sie am schönsten?

Diesem Delicate Arch, der seinen Namen der Schusseligkeit eines frühen Landvermessers und dessen Kartenzeichners verdankt und der eigentlich Landscape Arch hatte heißen sollen, entkommt man nicht. Er ziert das Autokennzeichen von Utah, er steckt im ganzen Bundesstaat hunderttausenfach in den Ansichtskartenständern, und er wird genutzt für jedmögliches Souvenir. In Moab gibt es sogar Archo Delicato Gelato in der Waffel. Aber auf den Anblick, wenn man ihn zum ersten Mal sieht, bereitet einen nichts vor.

Wumm! Man glaubt den eigenen Augen nicht. Ganz plötzlich, nach einer Biegung des Wegs, steht er unmittelbar vor einem. Groß, viel größer, als man glaubte. Und doch erstaunlich fragil mit dieser Asymmetrie von Standbein und Spielbein. Man mag noch so viel über die geologische Besonderheit dieses Landstrichs aus Sandsteinschichten und Salzablagerungen gelesen haben, die dazu führt, dass hier auf engstem Raum zweitausend Bögen aus den Felsen gewaschen wurden – dieser eine zumindest sieht aus wie gebaut. Wie der Rest eines Tempels, eines Heiligtums, wie das Tor in eine andere Welt. Und das mag der Grund sein, weshalb so viele Besucher Wert darauf legen, im Bogen zu stehen und hindurchzuschauen – als sehe die Landschaft dahinter nun anders aus.

Die Natur hat es so gefügt, dass der Fels gegenüber dem Delicate Arch wie zu einem Amphitheater ausgewaschen wurde. Und so nehmen die Besucher Platz wie bei einer Vorstellung und beobachten, wie die Farben des Steins sich mit dem Lauf der Sonne verändern und wie der Fels irgendwann von innen zu leuchten beginnt, und man würde sich nicht wundern, holten manche Besucher einen Bilderrahmen heraus, um ihn am ausgestreckten Arm vor sich zu halten, oder ein Claude-Glas, durch das die Adligen im achtzehnten Jahrhundert bei ihren Ausflügen die Landschaft in den goldenen Farbtönen der Gemälde von Claude Lorrain betrachteten.

Je tiefer die Sonne sinkt, desto lauter beginnen die Fotografen zu schimpfen. Ihre Stative haben sie alle am selben Punkt aufgestellt, dem Punkt, den man als den idealen auserkoren hat und von wo aus schon vor mehr als hundert Jahren auch die Tochter von John Wesley Wolfe den Bogen auf Schwarzweißfilm festgehalten hat. Aber noch immer hampeln Besucher für ihre Erinnerungsbilder im Bogen herum, machen einen Handstand oder verknoten sich zu einer Yoga-Figur. Irgendetwas muss man offenbar dem Bogen entgegensetzen, sonst ist er vielleicht gar nicht auszuhalten. Der Nationalpark-Service weiß das und hat deshalb ein Schild aufgestellt mit der überraschend drastisch formulierten Bitte, man möge kein „Arch Hog" sein – kein „Bogenschwein" – und den anderen, die oft von sehr weit hergekommen seien, nicht die Freude an dem Anblick nehmen.

Ein Free Climber aus Moab, so erzählte uns Rory, sei für ein spektakuläres Foto sogar auf den Bogen hinaufgeklettert, nachdem ihm aufgefallen war, dass der Delicate Arch nicht auf der Liste jener Felsen steht, an denen das Klettern verboten ist. Die Parkverwaltung hatte ihn nicht daraufgesetzt, weil sie gar nicht auf die Idee kam, dass es jemand tun könnte. Es war wie ein Sakrileg. So heilig ist ihr der Fels.

Am Flughafen von Salt Lake City sahen wir den Delicate Arch ein letztes Mal, als gigantisches Wandbild, mehrere Stockwerke hoch, dort, wo man zu den Gates geht und nach Hause fliegt. Das Bild hängt wohl dort, damit man weiß, wohin man zurückkommen soll – oder: will. Aber noch waren wir unterwegs.

Road Movies nehmen ein schlechtes Ende. Fast immer. Was kein Wunder ist, denn wo soll denn die Geschichte derer enden, die hinter dem Trott des alltäglichen Lebens die Tür zuknallen, um zu schauen, ob dort draußen nicht etwas Besseres auf sie warte? Doch bitte nicht dort, wo sie begann, nach einer großen Fahrt im Kreis. Mit der Heldensage oder dem klassischen Entwicklungsroman haben diese Filme nichts zu tun. Sie erzählen von Aufsässigen, die sich den Zwängen des Alltags nicht mehr unterordnen wollen – und die mitunter schon deshalb von der Gesellschaft als Gefahr betrachtet werden, weil sie eine Ahnung davon vermitteln, was man im normalen Leben verpasst. Wenn man eingesperrt ist in Konventionen, ferngehalten bleibt vom berauschenden Anblick des fernen Horizonts. Oft ist eine Geschwindigkeitsübertretung ihr einziges Verbrechen; manchmal kommt Gröberes hinzu. Deshalb fliehen sie über kurz oder lang nicht nur vor dem Alltag, sondern auch vor der Polizei.

Dabei ist es keineswegs so, dass diese Helden wüssten, was sie wollen. Wenn sie durch die endlose Leere Amerikas brausen, durch die Wüsten Arizonas, New Mexicos und Utahs, wohin seit „Easy Rider" im Laufe der Handlung noch jeder dieser Filme führte, weil diese Landschaften so wunderbar auch als Seelenlandschaften taugen, folgen sie ja eher notgedrungen den schnurgeraden Landstraßen. Ihr Ziel heißt Entkommen, nicht Ankommen. Ihr Antrieb ist eine unbestimmte Sehnsucht nach Freiheit im Handeln, Denken und Fühlen, die umso stärker wird, je mehr Menschen ihnen auf den Fersen sind. Die Reise lässt noch alle Möglichkeiten offen.

Die Straße als Fixpunkt ihrer Utopie aber ist kein Ort, an dem man bleiben kann. Sie ist bloß der Raum für den Transit – und zugleich der Ort, der einem die Erkenntnis erspart, dass vermutlich nirgendwo in diesem großen Land ein Stück Heimat wartet. „Thelma und Louise", die beiden Frauen, denen ein harmlos geplanter Wochenendausflug nach einer versuchten Vergewaltigung, nach Totschlag und etlichen Überfällen zum Selbstfindungstrip durch den amerikanischen Westen wird, parken am Ende für einen Augenblick ihr türkisfarbenes Thunderbird Cabriolet am Rand einer Klippe des Dead Horse Point, einen Polizeihubschrauber vor sich am Himmel, eine heulende Meute von Polizeiwagen im Rücken. „Lass uns weiterfahren", sagt Thelma. „Sicher?", fragt Louise. Dann lächeln sie einander an und geben Gas. Im letzten Bild schwebt das Auto über der verführerisch roten Landschaft in der Luft. Eingefroren in der Bewegung. So sieht Freiheit im Kino aus.

Wir waren mit dem Bus gekommen. Dort drüben, hatte Megan, Parkmanager des Dead Horse Point, gesagt und mit dem Finger den Potash Trail entlang gezeigt, der sich über das grüne Hochplateau windet, dort drüben wurde diese Schlussszene gedreht. Dann fuhr der Bus wieder ein bisschen schneller. Keine Minute später erreichten wir den schmalen Felsstreifen „The Neck", gerade einmal zehn Meter breit, also kaum breiter als die Straße. Links und rechts gähnt unter senkrechten Wänden ein sechshundert Meter tiefer Schlund. Dann öffnet sich das Plateau ein letztes Mal, lang und breit genug für einen großen Parkplatz und eine kleine Anlage mit sorgfältig umzäunten Aussichtspunkten. Der Ort wirkt wie eine Insel, die herausragt aus einem aufgepeitschten Meer aus Sandstein – mit dem Festland verbunden durch einen Damm.

Cowboys, so geht die Legende, hatten einst Wildpferde auf diese Art Landzunge getrieben und den schmalen Zugang versperrt, um sich in Ruhe die schönsten Tiere herauszusuchen. Den Rest der Herde ließen sie eingesperrt zurück. Vielleicht wollten die Cowboys wiederkommen, aber sie taten es nicht. Die Pferde verdursteten, etliche stürzten sich wie im Wahnsinn in die Tiefe, dorthin, wo der Colorado River in besonders eindrucksvollen Windungen durch die Wüste mäandert. Dorthin, wo mehr als hundert Jahre später auch Thelma und Louise landen würden.

Eine majestätische Stille schwebt über diesem Landstrich mit seinen Burgen und Türmen und Toren, die der Fluss im Laufe der Jahrmillionen aus den Canyonlands gefräst hat. Nun aber liegt der Fluss so grün und träge dort unten, als bewege er sich nicht von der Stelle, nicht länger Sinnbild der Kraft, sondern der Ruhe und des Friedens. Wie eine Verheißung öffnet sich das Land von den Aussichtspunkten aus bis in die Unendlichkeit: unbewohnt, unberührt, unerklärlich. Was ist es, fragt man sich ein ums andere Mal, das diese unwirtliche Gegend so betörend macht, diesen Blick in die Eingeweide der Erde. Die ersten Weißen, die das sahen, spanische Mönche, hatten geglaubt, der Hölle gegenüberzustehen. Erschrocken machten sie sich aus dem Staub. Und noch immer wirkt das Land wie eine verbotene Zone, nur dass es einen heute anlockt, umsäuselt. Doch als wir versuchten, uns über die Balustrade zu lehnen, um in die Tiefe zu schauen, blies uns von unten ein Sturm entgegen, der wie eine Faust ins Gesicht knallte. Ohne Pardon.

John Ford's Point

In seiner Biografie des Hollywood-Regisseurs John Ford schreibt Andrew Sinclair, dass es John Wayne gewesen sei, der das Monument Valley als Kulisse für Western entdeckt und sich dafür stark gemacht habe, seinen ersten großen Spielfilm, „Stagecoach", dort zu drehen, 1937 – dass aber später John Ford als Regisseur und Boss des Filmteams diese Entdeckung für sich reklamierte. Hört man Ronny zu, dem Manager des Hotels und Restaurants „Goulding's Lodge", verlief die Geschichte etwas anders.

Mitte der zwanziger Jahre war der Schafhändler Harry Goulding in die Gegend gekommen und hatte dort wenig später einen Trading Post eröffnet, um bei den Indianern deren Wolle und Teppiche, Töpferwaren und Silberschmuck gegen Lebensmittel einzutauschen. Es war eine verlassene Gegend. Weit und breit gab es weder Straßen noch Siedlungen. Nur Wüste – und eben die markanten Felstürme. Die wirtschaftliche Situation der Indianer war nie wirklich gut; als sie Mitte der Dreißiger, zur Hochzeit der Depression, noch schlechter wurde, hatte Goulding eine Idee. Gemeinsam mit seiner Frau fuhr er nach Hollywood geradewegs zum Büro von John Ford, wo er, wie nicht anders zu erwarten, abgewiesen wurde. Als er seinen Schlafsack ausrollte und damit drohte, so lange liegen zu bleiben, bis der Regisseur ihn empfing, holte man Fords Location Manager, um Goulding vor die Tür zu setzen. Kaum aber hatte der dessen Fotos vom Monument Valley gesehen, rief er John Ford herbei, und innerhalb von zwei Stunden wurden die drei sich handelseinig. Nur zehn Tage später begannen die Dreharbeiten für „Stagecoach“. Die Indianer wurden als Statisten angestellt, und das Monument Valley wurde weltberühmt. John Ford drehte dort in den kommenden fünfundzwanzig Jahren zehn weitere Kinoproduktionen.

Wenn der Western der Heimatfilm Amerikas ist, dann hat John Ford dem Land mit dem Monument Valley sein erstes Zuhause gegeben. Für die ungeschliffenen Charaktere seiner Geschichten fand er in der von Wasser und Wind zerfressenen Landschaft eine wunderbare Entsprechung: rau, elementar und doch von bestechender Schönheit. Je deutlicher aber wird, dass die unverdorbenen Helden Fords von einer tiefempfundenen Wahrheit getragen werden, deren Moral nicht selten religiöse Züge annimmt, umso mehr macht es den Eindruck, als verwandelten sich im Laufe des Films die roten Felsen in gotische Kathedralen. Dann wird die Wildnis zum Gegenpol einer verlogenen Zivilisation – zur wahren Kirche.

Bald kamen die ersten Urlauber. Erst stellte Goulding neben dem Trading Post ein paar Hütten hin, dann baute er ein kleines Lokal. Heute breitet sich ein großes Hotel auf dem Gelände aus. Das Mobiliar des Wohnhauses sowie die Einrichtung des Trading Post wurden in einem Museum untergebracht. Es ist eine Hymne an das Pionierleben und mit zahlreichen Sammlerstücken auch an die Produktionen Hollywoods.

Als wir uns am frühen Morgen auf den Weg machten, war das Monument Valley weiß. In der Nacht hatte es geschneit, der Schnee lag wie Puderzucker auf den Bergen, und wie eine Salzkruste überzog er die vielen Risse und Löcher der Piste. Rosy hatte uns in einem Geländewagen mitgenommen zu einer Rundtour. Wir saßen hinten auf der Pritsche, und über einen knarzenden Lautsprecher erzählte sie vom Leben der Navajos und von Goulding, Wayne und Ford, die jedem der Felsen einen Namen verpasst hätten: Adlerfels, Sitzende Henne, Bär und Hase, Elefantenberg, und so geht das fort bis zu Radnabe und Totempfahl. Dann ratterte sie die Titel der Filme herunter, die hier gedreht wurden, später die Namen der Tiere, die hier leben, noch später die Namen jener Tiere, die nicht hier leben, Dinosaurier eingeschlossen. Dann fing sie wieder von vorne an, bis sie alles drei oder viermal wiederholt hatte. So ist das vielleicht bei Kulturen, die keine Schrift kennen und alles mündlich überliefern.

Dabei war die Navajo-Indianerin Rosy firm in der westlichen Kultur. Hier sei Tom Cruise durch die Wand geklettert, dort habe Jon Bon Jovi auf einem Tafelberg musiziert, sagte sie. Sieht der Fels nicht aus wie die Silhouette Alfred Hitchcocks, fragte sie einmal. Und wenig später machte sie uns auf Snoopy aufmerksam, auf dem Dach seiner Hütte liegend. Vergleiche, die sich schwerlich auf Navajo-Überlieferungen zurückführen lassen. Da war es denn auch nur noch ein kleiner Schritt bis zu dem Bilderwitz von Gahan Wilson, in dem man zwei Cowboys an unermesslich vergrößertem Wohnzimmermobiliar samt Stehlampe vorbeireiten sieht und einer zum anderen sagt: „Ist es nicht ganz erstaunlich, was Erosion zu leisten vermag?"

Der Wagen rumpelte durch die Schlaglöcher, dass wohl keine Fahrt in einer Postkutsche des Wilden Westens je unbequemer war, und rollte an den schönsten Bildern vorüber, die wir allesamt als Erinnerung mit nach Hause nehmen mussten. Stehen blieb Rosy hingegen immer genau dort, wo die Erinnerung dank Kinofilmen und Zigarettenreklame längst gewesen ist. Da machten dann auch wir unsere Bilder und tragen nun dazu bei, dass der emblematische Charakter dieser Motive noch ein wenig mehr verfestigt wird. Wie Missionare. Gläubige der reinen Natur.

Erst ging es zu den beiden Fausthandschuhen, linker und rechter, direkt nebeneinander, dann zum John Ford's Point, am Ende zum North Window, allesamt Ikonen Amerikas. Obwohl es noch früh am Morgen war, waren die Indianer immer schon da und boten an Flohmarkttischen billigen Silberschmuck an. Die Händler im Tempel? In der kleinen Broschüre, die Rosy am Anfang des Ausflugs verteilt hatte, war von der spirituellen Bedeutung des Monument Valley für die Indianer die Rede. Doch davon hatte Rosy angeblich noch nie gehört. „Wenn es so wäre", sagte sie mit entwaffnender Selbstverständlichkeit, „dann würden wir euch doch nicht hierher bringen."

Navajo Loop Trail

„Schale, in der Felsen aufrecht wie Menschen stehen", hatten die Indianer die verrückte Welt des Bryce Canyon genannt. Aber es sind nicht nur Menschen, die hier erstarrt sind wie andernorts Frau Lot. Es sind auch Tiere dabei, Vögel etwa und Eidechsen, die auch kein besseres Leben geführt haben sollen als die Menschen. Denn wie bei der Geschichte von Sodom und Gomorrha ging es auch hier um Frevel und böse

Taten. Die To-when-an-ung-wa, so berichtet die Legende der Paiute-Indianer, hätten sich in dieser Region schrecklich benommen. Da habe der Coyote sie kurzerhand in Felsen verwandelt. Und so stehen und sitzen und liegen die versteinerten To-when-an-ung-wa nun in der Senke des Canyons, manche allein, andere beieinander, Händchen haltend sogar, und ihre Gesichter noch immer so bunt, wie sie damals eben bemalt waren.

Das war lange bevor der Rinderzüchter Ebenezer Bryce um 1870 in die Gegend kam und seine Kühe zwischen den spitzen Felsen verlor und selbst als frommer Mormone lauthals fluchte, dass seine gotteslästerlichen Kommentare zu den Felslabyrinthen der Gegend wohl dramatisch von den Wänden widerhallten.

Ihm zürnte deshalb kein Gott; im Gegenteil: Die Landschaft wurde sogar nach ihm benannt. Aber es verging reichlich Zeit, bevor die Nachricht von seiner so ungewöhnlichen wie unergiebigen Viehweide die Runde machte, und erst Reuben Syrett, von allen nur Ruby genannt, erkannte 1916 ihr touristisches Potenzial. Nun verlief die Geschichte wie überall bei Amerikas Naturschönheiten: Zunächst führte er Freunde hin, 1919 stellte er auf der Klippe ein Zelt für Besucher auf, und ein Jahr später eröffnete er ein Hotel, das von Jahr zu Jahr und Generation zu Generation größer wurde. In diesem Frühjahr eröffnen seine Enkel ein Grandhotel am Eingang des Nationalparks.

Werbung hat der Bryce Canyon schon lange nicht mehr nötig. Er ist eine Art Nationalheiligtum, was auch damit zu tun haben mag, dass sich hier an heißen Sonnentagen die rotweiß gestreiften Felsen unter einem knallblauen Himmel zu den Farben der amerikanischen Flagge addieren. Das ist so recht nach dem Geschmack eines Volks, das sich als Gottes eigenes bezeichnet. Dabei bedienen die Hoodoos genannten Felsnadeln und -türme auch ästhetische Ansprüche, denen im Übrigen nicht jeder der Hobbymaler, die mit ihren Staffeleien am

Rand der Klippe sitzen, unbedingt gerecht wird – vielleicht gerade, weil hier je nach Perspektive und Wetterlage Momente solch widersprüchlicher Landschaftsauffassungen wie die des Schönen, des Erhabenen und des Pittoresken mitunter zur Deckung kommen. Treffender aber noch ist der Begriff: grotesk.

Denn den Bryce Canyon darf es so eigentlich gar nicht geben. Er spricht der Schwerkraft Hohn, wenn riesige Felsbrocken auf schlanken Säulen balancieren und sich Felsnadeln nach unten hin verjüngen. Was man sieht, gleicht einer Korallenlandschaft, einem Aquarium, aus dem das Wasser ausgelaufen ist und dessen Kulisse noch nicht bemerkt hat, dass jetzt andere physikalische Gesetze herrschen. Als Wanderer auf dem Navajo Loop Trail, hinab zum Grund des Canyons und weiter zum Queen's Garden, in dem der Zufall die Skulptur Königin Victorias aus einem Stein freigelegt hat, fühlt man sich denn auch bald wie ein Taucher.

Natürlich mussten auch hier die Götter herhalten, als es darum ging, den Bildern gerecht zu werden, die sich nach jeder Windung öffnen, hier der Hammer des Thor, dort der Tempel des Osiris. Und damit man diesen beiden mit Achtung begegnet, sie zunächst von unten sieht und ihnen erst allmählich entgegensteigt, gerade so, wie es sich die Herrscher des Barock mit ihren Treppen ausgedacht hatten, ist der Navajo-Rundweg gegen den Uhrzeigersinn ausgeschildert. Respekt muss sein.

Angel's Landing

Als nach dem 11. September 2001 Amerika in eine Art Schockstarre verfiel, zählte der Zion-Nationalpark seine bis dahin größte Zahl an Besuchern. Es wird wohl so sein, sagte abends bei Tacos und Enchiladas Tom, seit einer halben Ewigkeit Ranger im Park, dass sich die Menschen nach etwas Ursprünglichem gesehnt hatten, dass sie in dieser Wildnis vielleicht sogar nach ihrer

Herkunft suchten; er sprach von „pristine wilderness“, von Unverdorbenheit. Das weckt zunächst falsche Vorstellungen. Denn durch den Park führt ganz regulär der Highway 9, und bei unserem Besuch außerhalb der Sommersaison durften wir mit dem Auto weit am Visitor Center vorbei in das enge Tal des Virgin River hineinfahren. Anfangs sehen die Berge und Kuppeln aus wie gequirlter Kartoffelbrei, nur eben versteinert, später aber ragen links und rechts des Flusses gewaltige Wände kerzengerade nach oben. Geht man zu Fuß in den Bächen entlang, werden die Schluchten bisweilen so eng, dass man sich förmlich hindurchquetschen muss. Manche der Bergketten haben eine Silhouette so scharf wie die Reißzähne eines Raubtiers. Andere stechen durch markante Fomen heraus und heißen deshalb „Wächter“ oder sogar „Opferaltar“. Eine Klippe, die sich besonders schlank und schmal ins Tal hineinschiebt, hat den Namen Angel’s Landing: Landeplatz der Engel. Er liegt knapp fünfhundert Meter über dem Fluss. Ein Wanderweg führt hinauf.

Anfangs ist der Weg mit Beton auf den Boden gegossen, später ist er asphaltiert, da windet er sich schon in einundzwanzig Serpentinen die Wand hinauf, und noch später sind immer wieder Stufen in den weichen Stein geschlagen. Da wird die Klippe mitunter so schmal, dass man dort, wo hin und wieder eine Kiefer aus dem Stein wächst, wie hingetuscht von einem japanischen Landschaftsmaler, seine liebe Mühe hat, vorbeizuklettern, und froh ist über die Ketten, die als Sicherung in den Fels geschraubt sind.

Wie ein Seiltänzer kommt man sich vor, einen halben Kilometer über dem Tal balancierend, wie in Wellen auf und ab, viermal glaubt man den Gipfel schon zu sehen und ist doch noch immer nicht dort. Und dann plötzlich, knapp eine Stunde nachdem wir aus dem Auto gestiegen waren und uns in der kalten, schattigen Schlucht noch vorgekommen waren wie Zwerge, öffnete sich der Abgrund nach fast allen Seiten. Das Tal lag uns zu Füßen. Gelb und golden glänzten die Berge im Gegenlicht. Nur der Göttersitz, der Great White Throne, kaum einen Steinwurf entfernt auf der anderen Seite des Tals, war noch ein wenig höher als unser Standpunkt. Aber das konnte nichts daran ändern, dass wir uns nun wie Riesen fühlten.

Gipfel machen die Welt klein, nicht den Menschen. Und vielleicht waren es gar nicht Demut und Rückbesinnung, die nach dem 11. September kaum überschaubare Scharen von Bergsteigern hierherzogen. Vielleicht war es der Wunsch, über sich selbst hinauszuwachsen. „Awesome", „majestic", „spectacular" waren die Adjektive, die hier oben die Wanderer, noch nach Atem ringend, eher ausstießen als formulierten. Auch: „wild". Anderswo in amerikanischen Nationalparks heißen solche Aussichtsplätze „Inspiration Point".

Es gibt eine tragische Geschichte, die man sich im Zion-Nationalpark über Angel's Landing erzählt. Ein Mann hat hier seine Frau verloren. Es war ihre Hochzeitsreise, die sie zum Zion-Nationalpark unternommen hatten, und wie so viele andere Besucher auch, wollten sie den beliebtesten und prominentesten Wanderweg nicht auslassen. Oben angekommen, verlor die Frau ihr Gleichgewicht und stürzte in die Tiefe.

Unfälle geschehen in den Bergen, auch wenn man das gerade entlang gesicherter Pfade nur allzu gern verdrängt. Hier aber wurden die Polizeibeamten, die den Unfall zu Protokoll nahmen, stutzig. Denn derselbe Mann hatte einige Jahre zuvor auch seine erste Ehefrau während der Hochzeitsreise verloren: an der Kante des Grand Canyons. Trotz gründlichster Untersuchungen konnte ihm die Polizei in keinem der beiden Fälle Verschulden oder gar Mord nachweisen.

Unglaublich, dachten wir. Doch Tom, der Parkranger, bestätigte bei unserem Abend mit Tacos und Enchiladas die seltsame Geschichte. Bloß dass es nicht Angel's Landing war, sagte er, aber so klingt es natürlich besser.

Edward Abbey
Staub. Ein Film

Eine Geisterstadt – nennen wir sie Pariah – in der Wüste, im Sonnenlicht. Die Geschichte spielt heute, morgen oder vor tausend Jahren. Über den blanken Himmel treiben ein paar Wolken. Ein tanzender Derwisch aus rotem Staub kreiselt die Straße der verlassenen Stadt hinunter. Der Wirbelwind dreht sich tanzend hinaus, über die zerbröckelnden Hänge der Hügel, verschwindet. Die Kamera dreht, ganz herum, um die gesamte Szene zu erfassen, und schließlich auf der Ecke einer steinernen Mauer zu verharren. Dahinter lassen sich die funkelnden Partikel eines kleinen, schlammigen Stroms erkennen, Tamariske und Weide, die Hügel aus Lehm, Schiefer und Sandstein. Ein Stückchen Blau. Die Kamera meditiert über diese simple Aussicht. Nichts geschieht.

Fast nichts: Die Schatten werden länger, die graduellen Transformationen des Lichts gleiten durch die nahtlosen Phasen ihres Seins. Nichts geschieht.

Vielleicht taucht eine Eidechse auf der Mauer auf, schaut umher, tut, was sie so tut, verschwindet; vielleicht auch nicht. Es ist nichts zu hören, außer der Luft, die sich bewegt, dem Atem der Erde. Ein Krümel Lehm fällt aus der Mauer zu Boden. Vier Stunden vergehen. Die Sonne geht unter (sie hat keine Alternative) und lässt ein Panorama aus farbigem Dunst zurück, wie über den Himmel gesprühte Beize. Die kahlen Lehmberge glühen in organischen Nuancen aus Leberbraun und Lungenrosa. Die ersten Sterne zeigen sich, flimmerfrei, jenseits der transparenten Atmosphäre.

Die Kamera schwenkt willentlich, aber langsam nach Osten, um auf den Aufgang des Mondes zu warten. Eine zweite Kamera beobachtet weiterhin die Effekte der untergehenden Sonne. Eine dritte Kamera nimmt weiterhin das Licht auf der alten Steinmauer im Vordergrund auf. Eine vierte Kamera erfasst die Bewegungen eines menschlichen Paares, folgt ihnen. Ein Mann und eine Frau sind in der Ferne zu sehen, irgendwo hinter dem Flüsschen, und zeichnen sich für einige Zeit wie Silhouetten vor dem gelben Himmel ab. Es scheinen Liebende zu sein; aber vielleicht auch nicht.

Die Bilder der vier Kameras werden montiert. So auch die Geräusche. Der Mond geht über dem Rand der Sandsteinfelsen auf, silbern und riesig, von innen leuchtend wie eine Papierlaterne. Als er höher steigt, über der Kante der Welt anschwillt, hören wir zugleich das Klimpern von Musik, von einem verstimmten Piano. Der Klang von Gelächter, Gläserklirren, ruhigen Worten, dem Eingießen von Getränken, von Blut, das auf einen hölzernen Boden fällt, Gewehrschüssen, dem Wiehern eines Pferdes, dem Quietschen einer Fliegengittertür, vom wispernden Gespräch eines Liebespaares, mehr Gelächter, vom Schrei eines Virginia-Uhu, dem Gesang der Koyoten, von einem lachenden Mann, einem beschlagenen Pferd, das eine staubige Straße hinunter trottet. Alle Geräusche verstummen. Die Straße ist leer.

Die Liebenden jenseits des Flüsschens schreiten die Skyline entlang, ihre Konturen schwarz vor dem schwelenden Himmel. Der Mond steigt höher hinauf. Steht still. Stille. Alles ist ruhig. Das Wasser des schlammigen Flüsschens kräuselt sich über eine Reihe schimmernder Steine und macht dabei kein hörbares Geräusch. Die Liebenden verschwinden. Zwei Stunden vergehen. Drei. Vier. Der Mond gleitet aufwärts und westwärts, hinein in ein Meer aus leuchtenden Wolken.

Überblenden

Morgendämmerung. Eine einzige Kamera nimmt den Sonnenaufgang auf. Umgekehrte Illuminationen auf den unwirtlichen Hügeln, auf den einsamen Pappeln am Wasser, auf den Felswänden, den hölzernen Ruinen, einem kollabierten Wasserrad. Die Kamera dreht eine Runde, lungert zwischen den Ruinen herum, begutachtet in einer Nahaufnahme die Oberflächenstruktur des Steins, die windschiefen, abgesplitterten Türrahmen, ein Büschel Feigenkakteen, das aus einem erdigen Dach wächst, den Sand, den Matsch am Flussufer, die kupferne Haut des Stamms einer Weide, den Staub der Straße, Hufabdrücke, Spuren von Koyote und Kitfuchs und Reptilien im Sand, die Fußabdrücke eines menschlichen Paares – Mann und Frau – die ziellos, wie es scheint, zwischen den Felsen und Wacholderbäumen am fernen Ufer des Stroms umherwandern.

Die Sonne steigt höher. Stunden vergehen. Pause. Der kleine Wüstenfluss fließt. Nachmittag. Hitze. Wolken bilden sich aus dem Nirgendwo. Blitze zucken am Horizont, und nach einem angemessenen Zeitraum hören wir das Grummeln und Rumpeln des Donners. Die Kamera beobachtet das Herannahen des Sturms. Wind pfeift durch die verfallenen Ruinen der Stadt. Aufgeschreckte Vögel erheben sich in einem Schwarm. Regenglanz auf den Hügeln.

Der Sturm ist da. Blitze flackern in der Dunkelheit. Jetzt schüttet es. Der Wind drückt gegen alte Wände; Dinge lösen sich und fallen – ein Stück Blech, verrottetes Holz, eine Felsplatte, die einst ein Türsturz war. Die Pappeln am Fluss ächzen in der Umarmung des Windes. Die Sonne glüht matt rot hinter einem bernsteinfarbenen Schleier. Inmitten des dumpfen Brausens und Stöhnens des Windes vernehmen wir die Akkorde einer Harfe, das Geklimper eines verstimmten Klaviers. Der Sturm verschlingt die Szene, die von dem rasenden Wind in den Wahnsinn getrieben wird. Das verwirrte Auge der Kamera fliegt herum, lässt uns, als die Blitze erneut zucken, einen kurzen Blick erhaschen von einem Mann und einer Frau, hingeschmettert auf Felsgestein, ihre zerrissenen Kleider durchnässt von Regen und Blut, ihre Augen weit aufgerissen, leblos, ein Abbild des Sturms.

Schnitt

Im Abendlicht und unter einem Himmel in der Farbe von Aluminium, beobachtet die Kamera – jetzt in Ruhestellung – das Vorüberrauschen einer gewaltigen Flut unten im Flussbett. Entwurzelte Bäume treiben vorbei, ertrunkene Tiere, Teile eines hölzernen Bootes, das Schiffbruch erlitten hat. Das Wasser ist blutrot, gesprenkelt mit Schaum. Murren mächtiger Felsen unter den Wogen, überwältigt und meerwärts kollernd. Das Auge der Kamera blickt über die Flut hinaus, betrachtet das Spektakel des Sonnenuntergangs über den westlichen Hügeln, die zinnoberroten Wolken, die über einen endlos weiten, strahlenden Himmel gleiten. Vögel rufen, die Flut plätschert vorbei wie fließendes Öl, Frösche quaken und singen von den schlammigen Behausungen neben dem aufgequollenen Fluss.

Schnitt

Nacht. Sterne. Vereinzelte Wolken, die vagen Formen zerstörter Gebäude. Wir sehen den Flug einer Eule, lautlos wie eine Motte, hinab auf ihre unsichtbare Beute. Ein kleiner Schrei.

Schnitt

Die Bäume tragen keine Blätter. Eine dünne Schneeschicht bedeckt die Wüste. Von einem klaren Himmel brennt die Sonne herab auf Schneefelder, gleißend wie Diamanten, und auf die Knochen eines menschlichen Skeletts.

Überblenden

Wir sehen die Geisterstadt, von der nichts mehr übrig ist als eingefallene Steinmauern und Hügel aus Erde. Der Schnee ist fort. Wir sehen die Szene durch die Gaze flirrender Hitzewellen.

Überblenden

Ausgebleichte Knochen liegen verstreut auf dem Fels. Regen; die Hügel erodieren vor unseren Augen.

Überblenden

Die Knochen werden von Regenwasser in Richtung des Flüsschens getragen, zentimeterweise, dann und wann in dünnen Strudeln aus flüssigem Schlamm.

Überblenden

Fels bröckelt aus der Wand des Canyons. Die letzten Spuren der Stadt, überwachsen von Gestrüpp und Kakteen, verschmelzen mit der Wüste.

Überblenden

Dunkle Vögel schweben am Himmel. Der wachsende Lichtschein der Morgendämmerung. Fünf, sechs, sieben Hirsche gehen am Fluss entlang. Einer bleibt stehen, um zu trinken, die anderen blicken zu den Felsen auf der anderen Seite. Im Vordergrund, unmittelbar vor dem Auge der Kamera, erhebt sich ein Löwe von einem Felsvorsprung und schaut, was die Hirsche tun werden. Ein schwaches Geräusch von oben. Langsam, absichtlich, dreht der Löwe seinen Kopf und starrt mit gelben Augen direkt in die Kamera. Die Kamera zoomt nah heran, die Augen füllen das Bild, und wir sehen in ihrer goldenen Tiefe den Widerschein des Sonnenaufgangs, die aufsteigenden Vögel, die Felsen, die Wolken, den Himmel, die Erde, den menschlichen Geist, die Welt jenseits dieser Welt, die wir lieben und doch nicht wirklich kennen …

Überblenden …

Der Film läuft weiter, er hat kein Ende …

Überblenden … Überblenden … Überblenden …

Quellennachweis

Seite 6:
Freddy Langer
Vorwort
Originalbeitrag

Seite 20:
Freddy Langer
Der Zaubertrick
Aus: Frankfurter Allgemeine Zeitung vom 22.04.1999
 Zur Verfügung gestellt vom Frankfurter Allgemeine Archiv

Seite 24:
Freddy Langer
Las Vegas hat sich verändert
Originalbeitrag

Seite 44:
Domínguez und Escalante
Verschwinde, wenn du kannst
Aus: The Dominguez-Escalante Journal. Their expedition through Colorado, Utah, Arizona and New Mexico in 1776. Übersetzt von Andrea Freund

Seite 65:
John Wesley Powell
Im Boot durch den Grand Canyon
Aus: Ders.: Höllenfahrt durch den Grand Canyon; Übersetzung und Bearbeitung von Elmar Engel, Pollner Verlag 2001.

Seite 89:
Freddy Langer
Lauter Träume aus Stein
Aus: Frankfurter Allgemeine Zeitung vom 10.02.2000
 Zur Verfügung gestellt vom Frankfurter Allgemeine Archiv

Seite 92:
Freddy Langer
Maultiere rutschen nicht aus
Aus: Frankfurter Allgemeine Zeitung vom 10.01.2002
 Zur Verfügung gestellt vom Frankfurter Allgemeine Archiv

Seite 102:
Willa Cather
Der Tod holt den Erzbischof
Roman. Aus dem Englischen übersetzt von Kyra Stromberg
 Originaltitel: Death comes for the Archbishop, published by arrangement with Alfred A. Knopf, a division of Random House, Inc.

Seite 107:
Freddy Langer
Pilger der Wildnis. Everett Ruess
Aus: Frankfurter Allgemeine Zeitung vom 7.05.2009
 Zur Verfügung gestellt vom Frankfurter Allgemeine Archiv

Seite 113:
Everett Ruess
Briefe aus den Canyons
Aus: „Everett Ruess. A vagabond for beauty“ und „Wilderness Journals of Everett Ruess“. Aus dem Amerikanischen von Gaby Wurster, © 2001 Piper Verlag GmbH, München

Seite 133:
Freddy Langer
Dies ist der Ort
Aus: Frankfurter Allgemeine Zeitung vom 30.04.2009
© Alle Rechte vorbehalten. Frankfurter Allgemeine Zeitung GmbH, Frankfurt. Zur Verfügung gestellt vom Frankfurter Allgemeine Archiv

Seite 146:
Edward Abbey
Staub. Ein Film
Aus: Ders.: The Journey Home. Übersetzt von Andrea Freund

Trotz aller Bemühungen ist es uns nicht gelungen, für einige Texte die Urheberrechtsverwalter zu ermitteln. Wir bitten diese, sich gegebenenfalls mit uns in Verbindung zu setzen.

Autoren

Edward Abbey (1927–1989), amerikanischer Schriftsteller und Naturschützer. Sein Buch „The Monkey Wrench Gang“ (1975), ein Schelmenroman über eine Gruppe von Öko-Terroristen, machte ihn bekannt, sorgte aber zugleich für heftige Kontroversen, weil es von vielen als Gebrauchsanweisung missverstanden wurde, wie mit denen umzugehen sei, die den Westen industriell erschließen. Die beiden Aufsatzsammlungen „Desert Solitaire“ (1968) und „The Journey Home“ (1977), seine Bekenntnisse zur Wüste und zu den Bergen der Four-Corners-Region, zählen heute zu den Klassikern der Literatur des amerikanischen Südwestens.

Willa Cather (1873–1947), amerikanische Schriftstellerin. Nach dem Studium der Geschichte und Literatur war sie zunächst Nachrichtenredakteurin in Pittsburgh und Chefredakteurin eines Kulturmagazins in New York, ehe sie 1912 im Alter von neununddreißig Jahren ihren ersten Roman veröffentlichte; bis 1940 sollten zehn weitere folgen. Das Thema ihrer Bücher war stets Amerika, das Werden eines Landes, das sie vor allem in seinen abgelegenen Regionen beobachtete, der Prärie etwa, wie in „My Antonia“, oder der Wüste des Südwestens in „Death Comes for the Archbishop“. Willa Cather war zu Lebzeiten eine gefeierte Schriftstellerin, geriet nach ihrem Tod in Vergessenheit und wurde erst in den siebziger, achtziger Jahren von der amerikanischen Frauenbewegung neu entdeckt.

Freddy Langer (geb. 1957) leitet den Reiseteil der Frankfurter Allgemeinen Zeitung. Zahlreiche Reisen führten ihn in fast alle Teile der Welt. Er ist Autor etlicher Reisebücher, vor allem über Amerika. Im Ellert & Richter Verlag sind seine Reiselesebücher „Alles zu Fuß“, „Australien“, „Sahara“ und „Südsee“ erschienen.

John Wesley Powell (1834–1902), Forschungsreisender. Unmittelbar nach seiner Schulausbildung unternahm Powell erste Expeditionen nach Wisconsin und auf dem Mississippi, berühmt aber wurde er für seine Fahrt 1869 mit dem Boot durch den Grand Canyon. Obwohl er im Bürgerkrieg einen Arm verloren hatte, steuerte er seine Mannschaft drei Monate lang über fünfzehnhundert Kilometer sicher den Green River und den Colorado hinunter durch bis dahin unbekanntes Gebiet. Obwohl er Autodidakt war, brachte er es zu einer Professur in Geologie; zugleich war er an der Kultur der Indianer interessiert, erlernte sogar viele ihrer Sprachen. So wurde er nicht nur Direktor des geologischen Bundesamtes der Vereinigten Staaten, sondern auch des Bundesamtes für Völkerkunde.

Everett Ruess (1914–1934), amerikanischer Künstler und Autor. Im Alter von nur sechzehn Jahren begann Everett Ruess ausgedehnte Wanderungen durch die Einsamkeit des amerikanischen Südwestens. Er zeichnete, veröffentlichte Holzdrucke und schrieb Gedichte. Am eindrucksvollsten aber sind die Briefe, die er aus der Wildnis an Freunde und seine Familie schrieb und die in mehreren Büchern veröffentlicht wurden. Das letzte Mal hörte man im Spätsommer 1934 von ihm. Fortan galt er als verschollen, was zur Legendenbildung nicht unerheblich beitrug. Einen Leichnam, der im Frühjahr 2008 entdeckt wurde, hatte man im Mai 2009 angeblich eindeutig als die Leiche von Everett Ruess identifiziert. Weitere DNA-Proben aber ließen noch im selben Jahr Zweifel an den Erkenntnissen aufkommen.

Silvestre Vélez de Escalante (1750–1780) und **Francisco Atanasio Domínguez** (um 1740–1804), Franziskanermönche und Missionare. Mit einer kleinen Gruppe zogen die beiden am 29. Juli 1776 von Santa Fe im heutigen Neu Mexiko aus los, um einen Weg nach Monterey an der Pazifikküste zu suchen. Ihr Ziel erreichten sie nicht, vielmehr kehrten sie vergleichsweise früh um. Die Expedition galt als gescheitert. Ihr Reisebericht durch Regionen der heutigen Bundesstaaten Colorado, Utah, Arizona und Neu Mexiko zählt zu den ersten Beschreibungen der Landschaften des Grand-Canyon-Gebiets. Er ist geprägt von der Mühsal der Unternehmung und den Begegnungen mit Indianerstämmen. Den Naturwundern wussten die beiden noch nichts abzugewinnen.

Impressum

Bibliografische Information der Deutschen Bibliothek
Die Deutsche Bibliothek verzeichnet diese Publikation in der Deutschen Nationalbibliografie; detaillierte bibliografische Daten sind im Internet über http://dnb.ddb.de abrufbar.

ISBN 978-3-8319-0394-8

Textauswahl: Freddy Langer, Frankfurt
Redaktion: Claudia Schneider, Hamburg
Gestaltung:
Büro Brückner + Partner, Bremen
Gesamtherstellung:
Offizin Andersen Nexö Leipzig GmbH, Zwenkau

Der Titel zeigt das Grand-Canyon-Panorama. Die Rechte des Bildes liegen bei © Jens Hilberger/Fotolia.